LLAMADOS
A SER
LÍDERES
de DIOS

WARREN W. WIERSBE

EDITORIAL
PORTAVOZ

La misión de *Editorial Portavoz* consiste en proporcionar productos de calidad —con integridad y excelencia—, desde una perspectiva bíblica y confiable, que animen a las personas a conocer y servir a Jesucristo.

Título del original*: On Being a Leader for God* © 2011 por Warren W. Wiersbe y publicado por Baker Books, una división de Baker Publishing Group, P.O. Box 6287, Grand Rapids, MI 49516. Traducido con permiso.

Edición en castellano: *Llamados a ser líderes de Dios* © 2012 por Editorial Portavoz, filial de Kregel Inc., Grand Rapids, Michigan 49505. Todos los derechos reservados.

EDITORIAL PORTAVOZ
2450 Oak Industrial Dr. NE
Grand Rapids, Michigan 49505 USA
Visítenos en: www.portavoz.com

ISBN 978-0-8254-1872-3 (rústica)

3 4 5 6 7 / 25 24 23 22 21 20 19 18

Impreso en los Estados Unidos de América
Printed in the United States of America

Dedicado a la memoria de

Bob Cook, Ted Engstrom,
Theodore Epp, Lee Roberson y Richard Winchell,

hombres de Dios que, con su ejemplo y estímulo,
nos enseñaron el significado del liderazgo cristiano.

Los líderes conservan sus posiciones simplemente porque son capaces de apelar a la conciencia y a la razón de aquellos que les apoyan; los jefes se mantienen en sus posiciones porque apelan al miedo al castigo y a la esperanza de la recompensa. Los líderes trabajan a la vista de todos; los jefes, en secreto. Los líderes lideran; los jefes se imponen.[1]

Theodore Roosevelt

Contenido

Prólogo. 7

1. Propósito 9
2. Colaboración con Dios. 17
3. Obediencia 24
4. Fe 30
5. Integridad. 36
6. Madurez. 42
7. Responsabilidad 48
8. Capacidad. 58
9. Autoridad 66
10. Oportunidad 73
11. Servicio. 79
12. Éxito (parte 1) 85
13. Éxito (parte 2) 98
14. Disponibilidad 107
15. Oración 116
16. Voluntad de Dios 121
17. Gestión del cambio. 137
18. Visión y división. 144
19. Supervisión, provisión y revisión 154
20. Trabajo en equipo. 165
21. Sucesión .170

Notas 173

Prólogo

Cada generación necesita descubrir y capacitar a nuevos líderes, no solo para satisfacer las necesidades del presente, sino también para prepararse frente a los retos y cambios futuros. Sea en una planta de fabricación de autos o en una iglesia local, la vida continúa y puede tener dirección y éxito, o vagar sin rumbo y fracasar. Los filósofos y los estrategas nos dicen que el futuro no es lo que solía ser. Al ver la rapidez con que están cambiando las cosas en nuestro mundo, sospecho que tienen razón. "El cambio es el proceso mediante el cual el futuro invade nuestras vidas", escribió Alvin Toffler en la introducción de su gran éxito de librería *El shock del futuro*.[1] Su elección del verbo "invadir" fue muy acertada.

Este libro tiene el propósito de ser el compañero de mi otro libro *Llamados a ser siervos de Dios*, publicado en español por la Editorial Portavoz en 2002. La respuesta a ese libro fue muy positiva y estoy agradecido por el ministerio que todavía tiene. Debo decir que este no es un manual detallado sobre gestión práctica; más bien, trata de presentar una "teología del liderazgo" práctica, basada en los principios que se enseñan y se ilustran en la Biblia. Es alentador ver que algunos manuales "seculares" recientes sobre el liderazgo se hacen eco de los principios bíblicos, ya sea que los autores lo reconozcan o no. ¡Los expertos están coincidiendo con nosotros!

Quienes ya han leído *Llamados a ser siervos de Dios* no lo van a encontrar duplicado en estos capítulos, aunque reconocerán algunos conceptos básicos. Los dos libros van juntos.

Warren W. Wiersbe

1

Propósito

Son asombrosas las ideas raras que algunas personas tienen sobre el liderazgo.

Puede que esta historia sea apócrifa, pero la he encontrado varias veces en mis lecturas. Se dice que durante la Revolución Francesa, vieron correr a un hombre detrás de una multitud que se dirigía hacia las barricadas de París. Un amigo le rogó que parara porque la multitud que seguía no era rival para las tropas de las barricadas. Pero el hombre siguió corriendo y le respondió gritando: "¡Tengo que seguirles! ¡Yo soy su líder!".

En 1994, un avión de pasajeros de la aerolínea rusa Aeroflot se estrelló en Siberia y murieron las 75 personas que iban a bordo. Cuando las autoridades escucharon las conversaciones grabadas en la caja negra, descubrieron que el hijo del piloto de 16 años y su hija de 12 años habían estado sentados ante los mandos de control del avión y se los alternaban. Cuando el muchacho pisó cierto pedal, el avión cayó a pique a 440 metros del suelo. El personal de cabina sacó al avión de esa situación, pero no con la suficiente rapidez para obtener la altura necesaria, y el avión se estrelló. Las últimas palabras del piloto que se registraron fueron: "¡Todo está bien... tómenlo con calma... ¡te digo que lo tomen con calma!".

Al leer esa información en el periódico, pensé en las palabras del profeta Isaías que describían la situación política en la antigua Judá: "Arruinada está Jerusalén, y Judá ha caído... ¡Ay del alma de ellos! Porque amontonaron mal para sí... Los opresores de mi pueblo son muchachos... Pueblo mío, los que te guían te engañan, y tuercen el curso de tus caminos" (Is. 3:8-9, 12). El liderazgo eficaz puede beneficiarse de los experimentos, pero deben sopesarse con la experiencia. Los jóvenes pueden ser audaces, pero los adultos deben ser prudentes. Los líderes deben tener esa clase de madurez producto de batallar en la vida y de llevar cargas, aquella que se desarrolla con dolor en la escuela de la vida.

Dos historias más.

En un año de elecciones presidenciales, un líder de iglesia me dijo:

—Debemos orar para que [mencionó el nombre de un candidato] sea elegido como presidente.

Cuando le pregunté por qué, respondió:

—Porque es un hombre nacido de nuevo y el Señor le mostrará cómo dirigir el país.

—¿Se ha dado cuenta de las tonterías que hacen algunos líderes de iglesia y luego dicen que el Señor les dijo que lo hicieran? —le pregunté.

No hubo respuesta. Había sido líder de iglesia demasiado tiempo como para discutir al respecto.

Vance Havner solía contar una anécdota sobre el general Stonewall Jackson, el cual necesitaba que su ejército cruzara un río, por lo que les ordenó a los ingenieros que construyeran un puente. A la vez, le dijo al guía de la caravana que guiara las carretas para cruzar el río tan pronto como estuviera terminado el puente. El guía de la caravana, que antes había sido herrero, consiguió un grupo de hombres y juntos construyeron un puente con rocas, troncos de árboles, postes de cerca y otros materiales, e hicieron pasar sobre el río todos los carros y las piezas de artillería de manera segura. A la mañana siguiente, el guía de la caravana le informó al general Jackson sobre lo sucedido, y el general le preguntó asombrado:

—¿Dónde están los ingenieros?

—Están allí, en una tienda de campaña, dibujando y planeando la elaboración de un puente —respondió.

El comentario de Vance Havner fue: "Aquí necesitamos unos cuantos herreros que nos pasen al otro lado del río".

No soy un ingeniero ni tampoco un general,

pero me identifico con el guía de la caravana porque la mayor parte de mis más de sesenta años de vida ministerial, he sido un constructor de puentes. He sido llamado a pasar "a través del río" a personas y al equipo hacia mejores situaciones para hacer el trabajo. La mayor parte de mis amigos piensan que soy un predicador y un escritor más que un "líder", pero traté de hacer lo mejor que pude cuando recibí el llamado y, al menos, estaba dispuesto a aprender.

Aquel francés que seguía al populacho con tanta valentía no era un líder, sino un animador interesado principalmente en complacer a la multitud y a su propio ego. El piloto del avión dependía de la tecnología para superar la crisis de forma segura, pero la tecnología solo puede ser tan buena como las habilidades de las personas que la manejan. El líder de iglesia asumió que pertenecer a la familia de Dios era el único requisito para ser líder, una suposición que descalifica automáticamente a miles de líderes muy exitosos que nunca han confiado en Cristo. En cuanto a los constructores de puentes, el general Jackson asumió que la formación de los ingenieros y la experiencia profesional garantizaban la eficacia. Después de todo, se supone que los ingenieros están para resolver problemas, no para crearlos. Con los materiales y el tiempo suficiente, podrían haber construido ese puente. Pero, para cuando lo hubieran terminado, podría haber sido demasiado tarde para hacer un buen uso del mismo. Un diploma en la pared es de gran ayuda si representa una educación equilibrada, pero no es una garantía de éxito.

Al igual que la mayoría de los triunfadores, los líderes nacen y también se hacen. Nacen con capacidades físicas y mentales y, si han nacido de nuevo, poseen dones espirituales, además de sus habilidades naturales. Hay un don de liderazgo, y si lo poseemos, debemos usarlo con diligencia (Ro. 12:8). La Nueva Versión Internacional dice: "Si es el de dirigir, que dirija con esmero". Usted no "llena" una posición, sino que la *utiliza* para el bien de la organización y para la gloria de Dios. Los líderes exitosos aprenden del estudio y de la experiencia, y encuentran una gran satisfacción al ver a sus compañeros de trabajo descubrir y desarrollar sus propias habilidades cuando sirven juntos. Los verdaderos líderes tienen la capacidad y la humildad para seleccionar compañeros de equipo que son líderes en potencia. Se rodean de personas que pueden ayudarles a hacer el trabajo. Los verdaderos líderes y los seguidores aprenden unos de otros con gusto.

Todos los líderes mencionados en la dedicatoria de este libro contribuyeron a mi ministerio de muchas maneras. Me enseñaron que todo sube o cae con el liderazgo y que los líderes deben ser siervos de todos; que el *porqué* del liderazgo es tan importante como el *cómo*. "Sus caminos notificó a Moisés, y a los hijos de Israel sus obras" (Sal. 103:7).

Los israelitas sabían *qué* estaba haciendo Dios, pero Moisés sabía *por qué* lo estaba haciendo.

Como alguien dijo: "Las personas que saben *cómo*, siempre tendrán trabajo y quienes saben *por qué*, siempre serán sus jefes". Esos hombres me enseñaron que los líderes son el segundo al mando y tienen necesidad de mantenerse en contacto con el Maestro, si quieren hacer el trabajo. Ellos nos mostraron a muchos de nosotros la gestión eficaz de organizaciones que trabajan con multitudes en numerosas naciones, con el apoyo de miles de amigos en Estados Unidos. La palabra "globalización" no había entrado aún en el vocabulario evangélico cuando yo comencé mi ministerio pero, sin duda, estos dirigentes sabían cómo ponerla en práctica.

Una de las lecciones más importantes que aprendí es que los líderes se centran en los *propósitos*, mientras que los administradores se ocupan principalmente de los *procesos*, y que ambos deben mantenerse en contacto con las personas que participan. Los administradores mantienen los procesos sanos y productivos, y nunca hacen cambios que pueden violar la visión de la organización. Los líderes y los administradores se necesitan mutuamente: los primeros se preocupan principalmente por la *visión* y la *revisión*; los segundos se centran en la *supervisión*. Los líderes tienen una visión general y nunca olvidan la visión directiva de la organización. Saben que ignorar la visión es meter a la organización en desvíos peligrosos y costosos. Un gurú de la gestión nos recuerda que los administradores son personas que hacen las cosas bien, mientras que los líderes se aseguran de hacer lo correcto.

En los primeros días de Juventud para Cristo Internacional, la expansión fue tan rápida que pronto la organización empezó a participar en diversos ministerios. Le pasó como al ciempiés mítico al que un escarabajo le preguntó cómo sabía qué pata debía mover a continuación y cuanto más examinaba la cuestión, más impotente se sentía. Creo que Bob Pierce fue el primero en señalar la "parálisis de expansión" de JPC (Juventud para Cristo) en una reunión de la junta y después fundó Visión Mundial para ayudar a alimentar, vestir y curar a los pueblos necesitados del mundo de la posguerra. Alguien se hizo cargo del Ministerio de las Fuerzas Armadas y así sucesivamente, hasta que la palabra "juventud" en "Juventud para Cristo" en realidad hacía referencia a los adolescentes del mundo.

El empresario y filántropo estadounidense Andrew Carnegie dijo: "Esta es la primera condición del éxito: concentre su energía, pensamiento y capital exclusivamente en la actividad con la que está comprometido". El apóstol Pablo estaba de acuerdo con ese consejo cuando escribió: "Pero una cosa hago: olvidando ciertamente lo que queda atrás, y extendiéndome a lo que está delante, prosigo a la meta, al premio del supremo llamamiento de Dios en Cristo Jesús" (Fil. 3:13-14). Como el doctor Laurence J. Peter escribió: "Si usted no sabe a dónde va, probablemente terminará en cualquier lugar".

En los capítulos que siguen, quiero analizar la siguiente definición de liderazgo cristiano. No es la última palabra sobre el tema, pero la he forjado a través de mi estudio de la Biblia, lecturas e investigación, además de mi experiencia personal en el ministerio y debates en seminarios a lo largo del tiempo. La definición no está inspirada, pero creo que puede ser útil y puede ayudarnos a saber cómo hacer el trabajo al que Dios nos ha llamado.

Los líderes cristianos son personas que, por fe, usan con gusto su carácter, capacidades, autoridad y oportunidades para servir a los demás y ayudarles a alcanzar su máximo potencial para su propio beneficio, el de la organización y la gloria de Dios.

2

Colaboración con Dios

En la década de 1950, una revista de negocios muy respetada anunció de modo espectacular un artículo principal sobre computadoras en la portada. El titular decía: "¡Ya llega! ¡La oficina sin papeles!". He estado esperando durante años que esa oficina sea una realidad porque estoy cansado de estar rodeado del papel generado por las impresoras de dos computadoras y una máquina fax. Puede que un día veamos oficinas sin papeles, pero dudo que alguna vez veamos oficinas sin personas porque alguien tiene que programar las computadoras para que envíen y reciban mensajes de correo electrónico, y procesen los manuscritos y otros documentos que crean las personas.

El propietario de una granja lechera nos dio un recorrido personal por la planta a mi esposa y a mí, y me sorprendí al aprender que gran parte del equipo de procesamiento se controlaba mediante computadoras. Los numerosos tubos y mangueras tenían que limpiarse y desinfectarse varias veces al día, y las computadoras controlaban al equipo que hacía estas tareas importantes. Mi padre trabajó durante muchos años para la empresa lechera Borden y recuerdo que yo, cuando era niño, miraba a través de un gran ventanal de vidrio y veía a los hombres y mujeres en uniformes blancos limpiar el equipo para preparar la próxima entrega de leche cruda. Hoy día, las industrias lácteas tienen equipos con menos personas, a excepción de los empleados que manejan los programas de computadoras indispensables.

No importa cómo examinemos el asunto, *no podemos prescindir de las personas.* Incluso el Señor Dios necesitó a Adán y a Eva para que ayudaran a cuidar el huerto, y esto sucedió antes que el pecado entrara en escena. El trabajo no es castigo, sino alimentación, desarrollo y estímulo. Jesús dijo a sus discípulos: "Mi comida es que haga la voluntad del que me envió, y acabe su obra" (Jn. 4:34). "Seis días trabajarás, y harás toda tu obra" es una parte tan importante de la ley santa de Dios como "No hurtarás" (Éx. 20:9, 15). De hecho, las personas que son capaces de trabajar pero no lo hacen, son como ladrones (2 Ts. 3:6-15).

Desde luego, que Dios comparta su trabajo con nosotros, los descendientes caídos de Adán y

Eva, es una condescendencia de su parte. Ya sea que nos demos cuenta o no, cada vez que oramos sinceramente: "Hágase tu voluntad, como en el cielo, así también en la tierra", nos estamos ofreciendo como voluntarios para hacer nuestra parte en ese trabajo. Después de escuchar las promesas de gracia de Dios y los planes para él y su familia, David le preguntó: "Señor Jehová, ¿quién soy yo, y qué es mi casa, para que tú me hayas traído hasta aquí?" (2 S. 7:18). ¿Por qué Dios nos presta tanta atención? Porque nos ama y se alegra de compartir su gracia infinita con nosotros. Él se deleita al ver a su pueblo madurar y hacerse un mejor colaborador. No podemos explicar todos los detalles de esa extraordinaria relación, pero estamos invitados a disfrutar de ella.

En la vida cristiana, el liderazgo es más que establecer metas y motivar a las personas a alcanzarlas. Sin duda, no es "mandar a las personas que nos rodean". El liderazgo cristiano es el desbordamiento de una vida dedicada a complacer a Dios y a servir a otros para que juntos podamos lograr los fines para los que Él nos ha creado y nos llama. Nadie puede hacerlo solo y ningún grupo puede lograrlo sin un "liderazgo eficaz". Hablaremos de esto más adelante.

Como los líderes son personas, hombres y mujeres hechos del polvo de la tierra y destinados a volver al polvo, tenemos todas las ventajas y desventajas de ser humanos. Tenemos defectos y debilidades que deben compensarse con los de nuestros compañeros, lo que significa que nos necesitamos mutuamente y podemos influirnos unos a otros.

Los líderes cometen errores, los
reconocen, y le piden perdón a Dios
y a las personas. Después, vuelven a
trabajar y procuran hacerlo mejor.

Moisés perdió los estribos (Nm. 20:1-13) y Josué se le adelantó dos veces al Señor (Jos. 7, 9). Para escapar del peligro, David se hizo pasar por un loco (1 S. 21:10-15) y el rey Josafat entró en el negocio naviero con el malvado rey Ocozías para hacer dinero, pero el Señor hizo naufragar todas las naves (2 Cr. 20:35-37). Los doce apóstoles de nuestro Señor también tenían sus defectos, así como nosotros.

Los ángeles le sirven a Dios mejor que nosotros, excepto por una cosa: nunca han experimentado la gracia de Dios y es por su gracia que servimos a nuestro Señor. "Pero por la gracia de Dios soy lo que soy", escribió Pablo. "He trabajado más que todos ellos; pero no yo, sino la gracia de Dios conmigo" (1 Co. 15:10; ver Ef. 2:10). Ya que dependemos de la gracia de Dios, Él es quien recibe toda la gloria. Durante mis años como maestro itinerante de la Biblia, a veces estuve en congregaciones vibrantes, donde el ministerio en verdad glorificaba a Dios. Pero no vi una relación especial entre la gran bendición que disfrutábamos y el equipo ministerial. Sus integrantes parecían ser hombres y mujeres comunes y corrientes, sin brillo ni encanto, pero todos tenían una cosa en común: dependían del Señor y no les importaba quién recibía el reconocimiento, siempre y cuando Dios recibiera la gloria. Como Bob Cook solía decirnos: "Si pueden explicar lo que está pasando, Dios no lo hizo".

Como solo soy una persona, un ser humano, debo depender del Señor por completo, si es que quiero cumplir su voluntad. Muchas veces, he tenido que orar: "Señor, ayúdame" y Él nunca me ha fallado. En el momento en que empezamos a depender de nuestros talentos, formación, personalidad, experiencia o antecedentes, comenzamos a perder la bendición de Dios. El novelista escocés George MacDonald escribió: "Lo que el hombre hace sin Dios, debe fracasar de manera lamentable o tener un éxito lamentable". Una vez, escuché a Vance Havner describir su reacción después de hablar en la inauguración de un edificio de iglesia muy elaborado y costoso: "La congregación pensó que el acontecimiento representaba un hito, pero a mí me pareció una carga". En realidad, la familia de la iglesia disfrutó de un "éxito lamentable".

"Pero tenemos este tesoro en vasos de barro, para que la excelencia del poder sea de Dios, y no de nosotros" (2 Co. 4:7). El Señor tiene muchas maneras de recordarnos que somos de barro y no de acero. Al visitar a un amigo pastor en el hospital, él estaba echado en la cama quejándose de sus circunstancias y le dije tranquilamente: "La Palabra de Dios dice que el Señor 'me hará descansar'". Su única respuesta fue: "Sí, yo les predico eso a otras personas". A veces, tenemos que "predicárnoslo a nosotros mismos" y recordar que somos vasos de barro.

Dios puede usar una enfermedad, una lesión, un aguijón en la carne, los problemas de la familia, la muerte de un amigo o de un ser querido, o la interrupción repentina de nuestros planes para recordarnos nuestra condición y que Él es el alfarero y nosotros solo somos barro. Sin importar cuántos aparatos prácticos tenemos para ayudarnos a estar conectados y a tiempo, debemos admitir junto con David: "En tu mano están mis tiempos" (Sal. 31:15). Confieso que no me gusta esperar, sin embargo, a menudo el Señor me detiene en seco y me *hace* esperar. Es otro recordatorio amoroso de que solo soy un vaso de barro, no el Señor del universo.

Los líderes son personas y trabajan con seres humanos. Todos tenemos las mismas limitaciones humanas y la misma necesidad de ayuda y aliento divinos. Jesús lo dijo con la claridad suficiente para que un niño de tres años lo pudiera entender: "Separados de mí nada podéis hacer" (Jn. 15:5). En cuanto al liderazgo, Él no solo es la fuente de nuestra sabiduría y fortaleza, sino también el ejemplo perfecto a seguir. "De cierto, de cierto os digo: No puede el Hijo hacer nada por sí mismo, sino lo que ve hacer al Padre" (Jn. 5:19). "Porque he descendido del cielo, no para hacer mi voluntad, sino la voluntad del que me envió" (Jn. 6:38). Jesús le dijo al Padre: "Yo te he glorificado en la tierra; he acabado la obra que me diste que hiciese" (Jn. 17:4). Espero poder decir esto cuando llegue ante el trono de Dios.

Así que, en vez de fijarnos en nuestra frágil humanidad y de quejarnos por nuestras deficiencias, aceptemos con alegría nuestra humanidad con todo su potencial y pidámosle a Dios que nos ayude a sacarle el máximo provecho. David le preguntó al Señor: "¿Qué es el hombre, para que tengas de él memoria, y el hijo del hombre para que lo visites?" (Sal. 8:4). ¿Qué somos los simples mortales? *¡Objetos preciosos del amor de Dios!* Si Dios le ha llamado a ser un líder es porque Él le conoce incluso mejor que usted mismo, le ama y porque planeó todo antes del comienzo de los tiempos. Su estructura genética fue diseñada por Él para que pueda hacer la obra que le ha llamado a hacer (Sal. 139:13-16).

Los líderes son personas de Dios, elegidas por Dios para hacer su voluntad y su obra, y para ayudar a otros a que también la hagan. Él prometió: "No te desampararé, ni te dejaré" (He. 13:5).

3

Obediencia

La amplia influencia de los medios de comunicación modernos, combinada con el apetito voraz del público por identificarse con "los ricos y famosos", ha producido una sociedad que puede fabricar famosos con rapidez. Una vez fabricados, los siguen, los fotografían, y graban sus palabras y acciones. Pero cuando Dios quiere hacer un líder, se toma el tiempo necesario. Los famosos suelen ser como meteoritos que se queman muy pronto, pero los líderes son estrellas estables que nos señalan el camino en la oscuridad. O, para cambiar la imagen, las celebridades generalmente suben como cohetes y bajan como rocas, mientras que los líderes siguen subiendo en silencio mientras sirven a la comunidad.

Por ejemplo, piense en José, un líder que el Señor cultivó en tres "terrenos" diferentes. Nació en una familia hebrea dividida, donde sus hermanos mayores lo odiaban y su padre lo mimaba. Luego, Dios lo hizo servir en la casa de un destacado funcionario egipcio, donde las tentaciones eran intensas, y por último, el Señor permitió que lo metieran en la cárcel para que siguiera aprendiendo sumisión y servicio. Dios dedicó treinta años para preparar a José con el fin de convertirlo en el segundo al mando de Egipto. Dios no tiene prisa.

La primera influencia que Moisés recibió fue la de un hogar hebreo amoroso y luego, la de un palacio egipcio. Después que huyó de Egipto a sus cuarenta años, pasó otros cuarenta cuidando las ovejas de su suegro en Madián. Luego Dios lo llamó a servirle durante cuarenta años para guiar a Israel y para entonces, ya estaba preparado. Josué experimentó grandes pruebas en Egipto y luego, la disciplina (y el honor) de ser el sirviente personal de Moisés, antes que Dios lo hiciera sucesor de Moisés.

Los líderes deben aprender a obedecer
antes de tener el privilegio de pedir
a otros que les obedezcan.

Samuel aprendió a escuchar y a obedecer cuando era niño, y luego el Señor lo llamó a ser juez y profeta. David, igual que Moisés, recibió formación en liderazgo mientras cuidaba ovejas, y mató a un león y a un oso antes de matar al gigante Goliat. Incluso Jesús vivió humildemente en la menospreciada ciudad de Nazaret y trabajó en el taller de carpintería de José antes de salir de allí para comenzar su breve ministerio público. Treinta años de oscuridad más tres años de ministerio produjeron un trabajo terminado para la eternidad.

Es interesante notar que algunos de los siervos escogidos por Dios se resistieron a su llamado e insistieron en que no podían hacer lo que Él les pedía. "¿Quién soy yo para que vaya a Faraón, y saque de Egipto a los hijos de Israel?", preguntó Moisés mientras discutía con el Todopoderoso (Éx. 3:11). Trató de ponerle fin a la discusión diciendo: "Señor, te ruego que envíes a alguna otra persona" (Éx. 4:13, NVI). "Envía a Aarón". Pero el Señor no le hizo caso y lo reclutó para el trabajo.

Gedeón estaba trillando trigo cuando el ángel del Señor se le presentó, se sentó bajo un árbol y le dijo: "Jehová está contigo, varón esforzado y valiente" (Jue. 6:11-12). Varón esforzado y valiente, ¡ya lo creo! ¡Estaba escondido en un lagar! Gedeón respondió con una profunda pregunta teológica que el Señor ignoró por completo. De hecho, no se dio por vencido. Cuando Gedeón le pidió una prueba doble en cuanto al cumplimiento de su promesa de victoria, Él se dignó a concederle gentilmente sus peticiones y entonces

Gedeón ya no pudo escapar: obedeció sus órdenes y se convirtió en un poderoso guerrero, como el Señor había predicho.

Cuando Dios llamó al joven Jeremías, él respondió con lo que creía que eran dos excelentes razones para no obedecer: "¡Ah! ¡ah, ¡Señor Jehová! He aquí, no sé hablar, porque soy niño" (Jer. 1:6), pero Él no quiso saber nada de eso. "¡Prepárate!", le respondió. "Ve y diles todo lo que yo te ordene" (Jer. 1:17, NVI). Antes que pudiera pensar en otra excusa, Jeremías fue ordenado como profeta de Jehová y le sirvió fielmente durante cuarenta años. Dios había puesto su mirada y su corazón en Jeremías, incluso antes de ser concebido.

Si deseamos llegar a ser líderes de Dios, tenemos que entregarnos totalmente a Él y obedecer las órdenes que nos dé (Ro. 12:1-3). Él quiere mi corazón para que le sirva por amor y con gozo porque el servicio sin amor es un trabajo penoso. Me pide mi mente porque debo conocer su voluntad y la forma de hacerla, si es que voy a servirle de manera inteligente. El celo sin conocimiento es peligroso y destructivo. También debo entregarle mi voluntad al Señor para que obedezca voluntariamente todo lo que me mande que haga. Después de todo, su voluntad es la expresión de su amor por nosotros (Sal. 33:11).

Si no amamos a Dios, no amaremos de verdad a nuestros compañeros de trabajo y a las otras personas que entran en nuestro campo de influencia; entonces el liderazgo se convertirá en una dictadura. La palabra clave será "autoridad" y pronto nos volveremos "autoritarios". Los líderes que necesitan recordarles repetidamente a otros quién es el que manda, están llenos de temor o simplemente son egoístas. Recuerdo al presidente de una empresa que solía anteponer la expresión: "Como directivo de esta empresa…" a sus opiniones "oficiales". Los verdaderos líderes no tienen necesidad de recordarles a otros dónde se sientan o quién los puso allí. Demuestran que son jefes al liderar con éxito y eso incluye escuchar a los demás, preocuparse por ellos y ayudarles a ser mejores trabajadores y líderes en su propio campo de servicio.

Al igual que Jonás, los líderes poco dispuestos pueden hacer las cosas, e incluso traer algunas bendiciones a la organización, *¡pero no serán parte de la bendición!* Jonás, en su ira, se sentó a las afueras de Nínive (donde debería estar ministrando) a esperar que Dios la destruyera. Debido a su orgullo obstinado, perdió una oportunidad valiosa para crecer espiritualmente (Jon. 4). El hermano mayor del hijo pródigo estaba fuera de la casa paterna y de mal humor, dándole rienda suelta a su enojo y a su envidia, cuando podía haber disfrutado de la fiesta familiar y del gozo que surge cuando perdonamos a los demás, así como Dios nos perdona a nosotros (Lc. 15:25-32).

Es posible ser una bendición para otros y, sin embargo, no experimentar la bendición. Por esta razón, David oró pidiendo: "Vuélveme en el gozo de tu salvación" (Sal. 51:12). Si nuestros corazones no están bien, nuestro servicio será una carga y no un gozo, entonces nos convertiremos en una carga para los demás.

"Sobre toda cosa guardada, guarda tu corazón; porque de él mana la vida" (Pr. 4:23).

4

Fe

En nuestra definición de liderazgo, la pequeña frase "por fe" no es una decoración piadosa, sino una obligación importante porque "Todo lo que no proviene de fe, es pecado" (Ro. 14:23) y eso incluye al liderazgo. Los líderes de Hebreos 11, sea que se les llame por nombre o no, sirvieron a Dios por fe. Aunque los creyentes sin nombre (note la palabra "otros" en el versículo 35) pueden parecer un fracaso a los ojos del mundo, fueron exitosos ante Dios y debidamente recompensados por su fe. Los líderes deben ser hombres y mujeres de fe, personas que "[andan] por fe, no por vista" (2 Co. 5:7).

Recuerdo que una vez me invitaron a la reunión de la junta directiva de un ministerio muy reconocido y escuché un diálogo sobre sus necesidades financieras. Su presupuesto no era enorme ni los líderes eran extravagantes, pero los tiempos eran difíciles. Por último, el presidente dijo: "Bueno, solo nos queda confiar en el Señor y ministrar por fe". Varios de los miembros de la junta asintieron con la cabeza, pero una de ellos preguntó suavemente: "¿La fe de quién?". Ella sabía que tener fe en Dios no es lo mismo que tener fe en la fe porque ésta solo es tan buena como el objeto de la misma.

Un cantante popular solía cantar que creía que una flor crecía por cada gota de lluvia que caía, pero nadie con sentido común le creyó. Si esa canción fuera cierta, estaríamos rodeados e invadidos de flores por todas partes. La fe sentimental está bien para las tarjetas de felicitación y las canciones populares, pero no para el éxito en el servicio cristiano.

Para el creyente, la fe significa obedecerle a Dios a pesar de las circunstancias que le rodean, de sus sentimientos o de las consecuencias que puedan venir en el futuro.

La verdadera prueba de la fe no es cantar un himno con fervor o recitar un credo perezosamente, sino obedecer con amor lo que Dios nos pide que hagamos *a pesar de todo*. George Müller solía decir: "La única manera de aprender a fortalecer la fe es soportando pruebas fuertes" y el registro de Hebreos 11 lo confirma. La fe de Noé lo hizo parecer tonto durante 120 años. Las personas le preguntaban: "¿Lluvia? ¿Qué lluvia?". La fe de Abraham lo llevó a dejar su casa sin saber a dónde iba; después, a ofrecer a su hijo y heredero en el altar, sin saber de qué forma Dios cumpliría sus promesas. La fe de Moisés sacó a Israel de Egipto e hizo que pasara el mar Rojo; y la fe de Josué llevó al pueblo al otro lado del Jordán hacia la tierra prometida. Sin embargo, estos hombres primero tuvieron una porción generosa de pruebas.

Una fe que no se puede probar, no es confiable. Las semillas de la fe se plantan en nuestro corazón al leer y reflexionar sobre "la palabra de fe" (Ro. 10:8), pero deben regarse y nutrirse con el amor de Dios, mientras Él actúa en medio de las tormentas de la vida. Nuestros "músculos de fe" se ejercitan por medio de las dificultades de la vida, al igual que los músculos de un deportista se ejercitan en el gimnasio, en la cancha o en el terreno de juego. A medida que avanzamos día a día por la fe, debemos esperar la oposición, pero no debemos permitir que nos desanime o nos distraiga. El profeta Isaías escribió acerca de Jesús: "Por medio de la verdad traerá justicia. No se cansará ni desmayará" (42:3-4). Si nuestra fe se basa en el Hijo de Dios y en su Palabra, y si nuestra meta es glorificar solo al Señor, podemos confiar en que nos acompañará en todo el camino y, al final, nuestra fe será más fuerte.

Romanos 15:13 describe las bendiciones que experimentan las personas que verdaderamente caminan por fe: "Y el Dios de esperanza os llene de todo gozo y paz en el creer, para que abundéis en esperanza por el poder del Espíritu Santo". Puedo recordar momentos cuando, humanamente hablando, tenía todas las razones para darme por vencido y aun así, tenía una plenitud de gozo, paz y esperanza en mi corazón que hacía que fuera imposible rendirme. No podía explicarlo, ¿cómo se explica un milagro?, pero lo experimenté y sabía que era real. Dios nos permite seguir adelante, no siempre cambia las circunstancias, pero nos cambia a nosotros y a nuestra perspectiva en medio de éstas.

Al leer un paquete de cartas que había llegado al centro de la Misión al Interior de China en Chinkiang, J. Hudson Taylor, el fundador de la misión, se enteró de los graves disturbios que había en dos ciudades donde se encontraban centros de la Misión. Las noticias no eran buenas y Taylor se lo comunicó a George Nicoll, su compañero de ministerio que le había traído el correo. Le dijo que había que enviar ayuda inmediatamente. A continuación, Taylor comenzó a silbar tranquilamente su himno favorito: "Señor Jesús, vivo confiando en el gozo de quién eres tú...".

—¿Cómo *puedes* estar silbando cuando nuestros amigos están en medio de tan gran peligro? —exclamó Nicoll.

—¿Quieres que me llene de ansiedad y angustia? —preguntó Taylor—. Eso no les va a ayudar y desde luego, me va a incapacitar para hacer mi trabajo. Lo que debo hacer es darle la carga al Señor.

Lo hizo, ¡y Dios obró![1]

Los líderes deben responder, no reaccionar, y deben hacerlo como hombres y mujeres de fe que saben que pueden echar sus cargas sobre el Señor (1 P. 5:7). La reunión más importante a la que asistimos como líderes es a ese tiempo personal y diario con el Señor, antes de comenzar la jornada, cuando la adoración y la meditación aumentan nuestra fe al recibir las órdenes del día. En alguna parte, George Müller escribió que siempre debemos salir de nuestro "tiempo de quietud" diario *contentos con la voluntad de Dios*. Si no lo hacemos, nada parecerá estar bien ni ir bien, ya que el corazón de cada problema es el problema en el corazón: "Sobre toda cosa guardada, guarda tu corazón; porque de él mana la vida" (Pr. 4:23).

Dondequiera que Hudson Taylor vivía, ponía dos placas escritas en hebreo: "Ebenezer" y "Jehová Jireh", encima de la chimenea de su casa. Esas palabras significan: "Hasta aquí nos ayudó Jehová" (1 S. 7:12) y "Jehová proveerá" (Gn. 22:14). Cuando miramos hacia atrás con agradecimiento y al futuro con confianza, no debemos tener miedo de mirar a los problemas que hay alrededor. Ese es el resultado bendito de vivir por fe. ¿Cómo sé que estoy viviendo por fe? A continuación, cuatro pruebas sencillas:

- ¿Estoy haciendo esto para la gloria de Dios? (Ro. 4:20)
- ¿Me estoy precipitando o estoy dispuesto a esperar? (Ro. 10:11; Is. 28:16)
- ¿La Palabra de Dios aprueba lo que estoy haciendo? (Ro. 10:17)
- ¿Tengo paz y gozo en mi corazón? (Ro. 15:13)

Pasar estas pruebas de fe nos asegura que tenemos una fe que puede ser probada y que podemos confiar en ella.

5

Integridad

Un amigo mío tenía este lema bajo el vidrio del escritorio de su oficina: "La fe es vivir sin intrigas", el cual nos lleva a la siguiente palabra de nuestra definición: *Carácter*.

El carácter es esencial para tener éxito en el servicio a Dios, en la medida en que Él lo evalúa. Puede que no sea esencial para ganar unas elecciones o incluso para permanecer en un cargo, y ciertamente no es importante para obtener altas calificaciones en las encuestas, pero el carácter es necesario para hacer el tipo de trabajo que edifica a las personas y a las organizaciones que glorifican al Señor. Cuando Bob Cook fue presidente de Juventud para Cristo Internacional, acostumbraba recordarnos lo siguiente: "Nada puede sustituir al carácter. Se pueden comprar cerebros, pero no se puede comprar el carácter".

Con abundancia de dinero y un representante inteligente, se puede transformar de la noche a la mañana a un "Don Nadie" en alguien famoso, pero el Señor dedica el tiempo necesario para formar el carácter de sus líderes.

En la escuela primaria, aprendí esta antigua lección de sabiduría:

Se siembra un pensamiento, se cosecha una acción.
Se siembra una acción, se cosecha un hábito.
Se siembra un hábito, se cosecha un carácter.
Se siembra un carácter, se cosecha un destino.

¿Cosas viejas? Es tan antiguo como la eternidad pasada y, sin embargo, es tan nuevo como esta mañana. Es el tipo de verdad que tenemos que destacar en este tiempo, cuando la tecnología hace que sea muy fácil engañar constantemente a la mayoría de personas. William R. Inge, decano de la Catedral de San Pablo, escribió en sus *Outspoken Essays, 1922* [Ensayos francos]: "Siempre estamos sembrando nuestro futuro y cosechando nuestro pasado".[1] Podría haber añadido: "Y no podemos escapar de la cosecha".

Una larga historia de desobediencia reiterada que culmina con el liderazgo torpe del rey Saúl, llevó a la nación de Israel al caos político y espiritual. Asaf, el salmista, describe este triste ciclo de bendición y juicio en el Salmo 78 y lo termina revelando la respuesta de Dios frente al problema: un líder con capacidad e integridad.

> Eligió a David su siervo, y lo tomó de las majadas de las ovejas; de tras las paridas lo trajo, para que apacentase a Jacob su pueblo, y a Israel su heredad. Y los apacentó conforme a la integridad de su corazón, los pastoreó con la pericia de sus manos (vv. 70-72).

David ya tenía una reputación a nivel nacional, siendo un hombre joven, porque las mujeres cantaban: "Saúl hirió a sus miles, y David a sus diez miles" (1 S. 18:7). Sin embargo, eso no fue lo que le gustó a Dios de David: era *un varón conforme a su corazón* (1 S. 13:14; Hch. 13:22). "El hombre mira lo que está delante de sus ojos", dijo Dios al profeta Samuel, "pero Jehová mira el corazón" (1 S. 16:7). David tuvo "integridad de corazón" (Sal. 78:72) y donde hay integridad, hay carácter. Cuatro semanas antes que George Washington se posicionara como el primer presidente de Estados Unidos, le escribió a un amigo: "Integridad y firmeza es todo lo que puedo prometer". Y cumplió su promesa.

David tenía unas manos muy capaces. De acuerdo con su canción registrada en el Salmo 18, tenía manos limpias (vv. 20, 24) y bien entrenadas para la guerra (v. 34). Levantó "manos santas" para adorar al Señor (Sal. 28:2; 63:4) y tenía manos hábiles para dirigir a la nación

(Sal. 78:72). Las personas podían ver las manos de David cuando manejaba un arpa, un arco o una espada con pericia, pero solo Dios podía ver su corazón y, de hecho, vio su integridad. David no era de doble ánimo ni tenía un corazón dividido. Sí, tenía capacidad, pero ésta sin integridad puede llevar a la tragedia, así como lo demostró el rey Saúl durante su reinado.

Por desgracia, la sociedad de hoy parece hacer énfasis en la capacidad e ignorar el carácter. Las personas creen que pueden vivir una mala vida y ser buenos trabajadores, que el *hacer* es más importante que el *ser*. Todo se hace bajo el pretexto de la "tolerancia" porque se supone que no debemos creer en absolutos. Cuando estaba estudiando Historia de Estados Unidos, me dolía ver la forma en que algunos libros de texto criticaban e incluso, desacreditaban a nuestros héroes (hoy día, ese proceso se llama "deconstrucción"). Hoy, la mayoría quiere celebridades, no héroes, porque los héroes nos desafían y nos humillan. No siempre nos entretienen ni defienden nuestras excusas para vivir vidas sin ética.

Quizás en este punto, usted diga: "¿Cómo puede hablar sobre la integridad? David no era perfecto". Por supuesto que no. Ya hemos hablado del hecho evidente de que los líderes son personas y éstas no son perfectas. Pero recuerde que David hizo lo malo y lo admitió, lloró, le confesó sus pecados a Dios y aceptó las consecuencias de su mala decisión como un hombre. Eso se llama integridad. Hoy día, los líderes acusados de violar la ley no admiten nada, antes culpan a los demás y se presentan de nuevo para otro cargo y, con frecuencia, ganan.

Ningún talento puede compensar
la falta de integridad.

Al mismo tiempo, el carácter no es un sustituto de la capacidad para hacer un trabajo. Las personas con carácter son sinceras con ellas mismas y con los demás, y no prometen más de lo que pueden hacer. La capacidad y la integridad son necesarias para ser la clase de líder que Dios puede bendecir y usar. No importa cuán talentosos seamos, si no nos mantenemos "limpios de manos y puro corazón" (Sal. 24:4), no podemos glorificar al Señor. Los pasos hacia la decadencia se explican en 1 Juan 1:

> Si decimos que tenemos comunión con él, y andamos en tinieblas, mentimos, y no practicamos la verdad (v. 6).

> Si decimos que no tenemos pecado, nos engañamos a nosotros mismos, y la verdad no está en nosotros (v. 8).

> Si decimos que no hemos pecado, le hacemos a él mentiroso, y su palabra no está en nosotros (v. 10).

Comenzamos mintiéndoles a los demás (v. 6), continuamos mintiéndonos a nosotros mismos (v. 8) y por último, terminamos mintiéndole a Dios y haciendo que parezca un mentiroso (v. 10). La decadencia empieza con la hipocresía, sigue con la deshonestidad y termina en apostasía. Es relativamente fácil mentirles a los demás, hasta que se reúnen y comparan la información; no es muy difícil mentirnos a nosotros mismos, aunque tal práctica conduce a una conciencia terriblemente sucia. Cuando empezamos a mentirle a Dios, casi no queda esperanza. Los líderes deben caminar en la luz y nunca deben esconderse en las sombras ni desaparecer en la oscuridad. Dios nos advierte: "Porque mis ojos están sobre todos sus caminos, los cuales no se me ocultaron, ni su maldad se esconde de la presencia de mis ojos" (Jer. 16:17).

Las personas con la conciencia tranquila nunca tienen que preocuparse cuando suena el teléfono, cuando abren el correo o cuando el presidente de la junta quiere tener una reunión privada. No tienen nada que ocultar y por tanto, nada que temer. Sir Walter Scott lo dijo muy bien: "¡Oh, qué red enmarañada tejemos cuando practicamos el engaño por primera vez!".

No importa lo que tengan los líderes. Si no tienen integridad, no tienen nada.

6

Madurez

Este es un buen lugar para pensar en la madurez porque una de las metas del liderazgo cristiano es ayudarles a otros a alcanzar su máximo potencial para servir. Queremos ser y hacer lo mejor, y queremos que las personas que trabajan con nosotros sean y hagan lo mejor, de manera que podamos hacer nuestro mejor trabajo y, si es de Dios, aceptar mayores retos. Esto no quiere decir que vayamos a "romper" a otras personas y a "rehacerlas" a nuestra propia imagen, no somos Dios. Además, nuestra imagen, incluso nuestra mejor imagen, no es conveniente para todos. Por el contrario, significa ayudar a las personas a crecer y que se esfuercen para que sigan sirviendo.

Las personas con madurez se *conocen* a sí mismas, se *aceptan* a sí mismas y *son* ellas mismas en cada situación, no "interpretan un papel". Son realistas acerca de sí mismas y no se hacen ilusiones acerca de quiénes son o de lo que pueden hacer. No se engañan a sí mismas ni a los demás porque la madurez y la humildad van de la mano. David escribió al respecto en el Salmo 139. No importa cuán torpes seamos en algunas cosas, cada uno puede decir junto con el salmista: "¡Te alabo porque soy una creación admirable! ¡Tus obras son maravillosas!" (Sal. 139:14, NVI). Todos debemos alabar a Dios por lo que somos y por lo que podemos hacer porque Él no cometió errores cuando nos hizo.

Cuando estaba en la escuela primaria, no necesité mucho tiempo para descubrir que no era un deportista (mis dos hermanos mayores eran deportistas consumados): entendí el mensaje cuando era el último que elegían todos los equipos, y el que se quedaba conmigo, hacía todo lo posible por pasarme al otro. Podía correr rápido, por lo que el fútbol era el único deporte en el que me destacaba, pero no era un deporte oficial en la escuela de esos días. En Indiana, donde crecí, el baloncesto y el béisbol eran los preferidos. Entonces, ¿qué podía hacer? Por protección, me las arreglé para tener a uno de los jugadores estrella de baloncesto o de béisbol como compañero de casillero y para sobrevivir en el campo de juego o en el gimnasio, sin meterme en problemas. Mis compañeros de equipo aprobaban lo que hacía. Después de todo, querían ganar el juego.

Pero a la hora de escribir para el periódico

de la escuela, hacer discursos en la junta estudiantil, e incluso servir como sustituto cuando un maestro estaba ausente, me sentía en mi mundo. En aquellos días, las escuelas solo daban carta de aprobación para deportes, no para el ámbito académico, pero eso no me importaba. Toda esa experiencia me ayudó a conocerme a mí mismo y a descubrir el trabajo que Dios quería que hiciera.

¿Cuáles son algunas de las características de aquellos que están madurando?

Para empezar, debido a que se conocen y se aceptan a sí mismos, aprenden a aceptar a los demás y a cultivar un enfoque de trabajo en equipo para hacer las cosas, sin importar quién obtiene puntos, con tal que el equipo gane. La palabra clave es "cooperación", no "competencia". Creo que fue el héroe naval británico Lord Nelson quien subió a cubierta y encontró a dos de sus oficiales en medio de una discusión violenta. Los observó durante un rato, y luego se interpuso entre ellos. Señalando hacia el océano, les dijo: "Caballeros, no hay más que un enemigo, *¡y está ahí fuera!*". Ya sea que se trate de un entrenador que les habla a sus jugadores durante el descanso o el presidente de una compañía que explica nuevas metas, el objetivo es el mismo: diferentes personas con distintas personalidades deben trabajar juntas para lograr los mismos fines, con la menor fricción posible.

Las personas con madurez dicen la verdad en amor (Ef. 4:15). Se ha dicho muy bien que la verdad sin amor es brutalidad y el amor sin verdad es hipocresía. La brutalidad y la hipocresía son pecado, y éste destruye. La verdad y el amor son las herramientas para construir y son como compañeros que trabajan juntos. Nos beneficiaría leer 1 Corintios 13 con frecuencia y preguntarnos con sinceridad: "¿Este es mi retrato?". El amor es el primero que se nombra en la lista del fruto del Espíritu (Gá. 5:22-23) porque nos ayuda a producir y a compartir con otros el fruto que Pablo menciona. Jesús llamó al amor un "nuevo mandamiento" y dijo que era la marca principal de cada uno de sus discípulos (Jn. 13:34-35).

Las personas maduras saben cómo aceptar la responsabilidad con gusto. Cuando surgen los problemas, admiten los errores y hacen preguntas, en lugar de inventar excusas.

Se puede confiar en que las personas maduras hacen su trabajo bien, tanto si alguien los mira como si no.

Una vez, estuve en un equipo ministerial con un hombre cuyos hábitos evasivos para no trabajar eran evidentes para todos, menos para él. Cuando se le pedía que diera un informe sobre algún trabajo, siempre respondía: "¡Oh, eso está en mi maletín!". Cuando se le preguntaba dónde estaba su maletín, solía decir: "Está en el baúl de mi auto". ¿Dónde estaba su auto? ¡Su esposa lo tenía! No se quedó en el equipo por mucho tiempo.

Las personas maduras saben que la forma en que hacen su trabajo afecta el desempeño de los demás.

También hacen más de lo necesario, no para ganar puntos o conseguir un reconocimiento especial, sino porque se consideran "siervos de Cristo, de corazón haciendo la voluntad de Dios" (Ef. 6:6). Si ven a un compañero de trabajo que tiene problemas, le ofrecen ayuda. No compiten con los demás, sino consigo mismos y siempre se esfuerzan por hacer mejor su trabajo. Las personas maduras tienen una actitud sana frente a la vida y son dignos de confianza, sea que el Señor envíe derrotas o victorias. Si otros tienen el don de la queja, los obreros maduros no se dedican a sermonearlos, sino a tratar de tener una actitud positiva que puede ayudar a transformar el pesimismo en optimismo. Al igual que Pablo y Silas en la cárcel, los obreros maduros pueden cantar y orar, y derribar la casa (Hch. 16).

Al observar a los hombres y mujeres que han sido modelos de liderazgo para mí, he notado que no solo tienen fe en Dios, sino que también demuestran fe en sus compañeros de trabajo.

Todos los que formamos el equipo tenemos que creer unos en otros, o el trabajo en equipo será imposible. Debemos orar unos por otros y confiar en que Dios trabaja en nosotros, entre nosotros y a través de nosotros. "Espero en el Señor Jesús enviaros pronto a Timoteo", le escribió Pablo a la iglesia en Filipos (Fil. 2:19). Sin embargo, le escribió a la iglesia de Corinto que Apolos no tenía "voluntad por ahora" de ir a visitarlos, "pero irá cuando tenga oportunidad" (1 Co. 16:12). Esto demuestra que Pablo no "jugaba a ser Dios" en la vida de sus colaboradores, haciendo que fueran de un sitio a otro en contra de su voluntad. Él tenía sus planes, pero también los tenía el Señor, y Pablo era flexible.

Cuando un nuevo miembro se une al equipo, pronto calculamos su "coeficiente de madurez" y puede que tengamos que cambiar al Plan B para ayudarlo a empezar a crecer. ¿Cómo responde ante la crítica y los elogios? ¿Es paciente con los retrasos? ¿Sabe a dónde se dirige? ¿Puede escuchar con paciencia sin interrumpir? Incluso de vez en cuando, los siervos experimentados se comportan como niños y requieren de terapia privada. "Fieles son las heridas del que ama; pero importunos los besos del que aborrece" (Pr. 27:6).

Cuando reflexiono sobre mis años de servicio, doy gracias por los hombres y mujeres que me ayudaron pacientemente a madurar y a convertirme en un mejor jugador del equipo. Todavía estoy aprendiendo.

7

Responsabilidad

Miremos unas imágenes bíblicas sobre esa virtud escurridiza que conocemos como "madurez". Tal vez esto nos ayudará a entendernos mejor a nosotros mismos y a nuestras responsabilidades con nuestros compañeros de trabajo.

Las águilas (Dt. 32:10–12)

Así es como Moisés describió el viaje de Israel desde Egipto a Canaán:

Le halló [Israel] en tierra de desierto, y en yermo de horrible soledad; lo trajo alrededor, lo instruyó, lo guardó como a la niña de su ojo. Como el águila que excita su nidada, revolotea sobre sus pollos, extiende sus alas, los toma, los lleva sobre sus plumas, Jehová solo le guió, con él no hubo dios extraño (Dt. 32:10-12).

Los cristianos, como las águilas, fueron creados para las alturas. "Y juntamente con él nos resucitó, y asimismo nos hizo sentar en lugares celestiales con Cristo Jesús" (Ef. 2:6). "Mas nuestra ciudadanía está en los cielos" (Fil. 3:20). "Si, pues, habéis resucitado con Cristo, buscad las cosas de arriba, donde está Cristo sentado a la diestra de Dios. Poned la mira en las cosas de arriba, no en las de la tierra" (Col. 3:1-2). Esto no quiere decir (para citar a D. L. Moody) que "tenemos una mente tan celestial que no estamos bien terrenalmente", sino que nos fijamos en las cosas terrenales desde la perspectiva celestial y descubrimos lo que Dios dice acerca de las situaciones.

Las águilas hacen el nido muy alto, en los acantilados, y los padres les llevan comida a los aguiluchos hasta el día en que deben dejar el nido y vivir por su cuenta. ¿De qué forma los padres animan a sus hijos a hacerlo? A veces, sacuden el nido para que los aguiluchos no se sientan tan cómodos. No pueden aprender a volar si están sentados en el nido, disfrutando de un servicio gratuito. Los aguiluchos pueden fallar en sus primeros intentos de volar, pero las aves adultas están ahí para rescatarlos y, al final, tienen éxito. Al principio, los aguiluchos se sienten decepcionados por perder su casa acogedora y luego, están asustados ante los peligros de volar y buscar alimento; pero después, la alegría de volar y elevarse en el aire sustituye al miedo a caer, y se vuelven más independientes, hasta que se van para siempre.

Generalmente, cuando hemos aprendido a hacer nuestro trabajo bien, no nos gustan los cambios. Encontramos seguridad y placer en lo familiar y no queremos que nadie nos agite el nido. Pero el cambio normal y saludable es una de las herramientas de Dios para llevar a su pueblo hacia la madurez y eso puede significar aprender a utilizar nuevos equipos, trabajar de cerca con personas nuevas o descubrir nuevos enfoques para hacer viejos trabajos. Según Hebreos 12:25-29, Dios a veces sacude las cosas "para que permanezca lo inconmovible" (v. 27, NVI). En las organizaciones que buscan hacer la obra de Dios hoy, quizá se invierte demasiado tiempo, esfuerzo y dinero en el andamiaje temporal, en lugar de trabajar en la estructura permanente, por lo que esa clase de edificio no puede durar. El Señor tiene que "sacudir" a su pueblo de vez en cuando para que madure en la fe y no ponga su confianza en lo temporal. Una de las responsabilidades de los líderes es ayudar a otros a salir del nido y a aprender a volar. Tenemos que estar ahí para ayudarlos, si empiezan a caer.

El recién destetado (Sal. 131)

Este salmo es corto, así que voy a citarlo en su totalidad:

Jehová, no se ha envanecido mi corazón, ni mis ojos se enaltecieron; ni anduve en grandezas, ni en cosas demasiado sublimes para mí. En verdad que me he comportado y he acallado mi alma como un niño destetado de su madre; como un niño destetado está mi alma. Espera, oh Israel, en Jehová, desde ahora y para siempre.

Los bebés son preciosos y los niños son muy divertidos, pero la meta de Dios es que maduren y se conviertan en adultos útiles. El propósito básico de la familia, la iglesia, la escuela y la sociedad es protegerlos y enseñarles para que tengan las oportunidades y la motivación de aprender lo que necesitan saber con el fin de tener éxito en la edad adulta: saber cómo bañarse, vestirse y alimentarse, cómo velar por sus necesidades personales y de otros, y cómo discernir lo correcto de lo incorrecto, lo seguro de lo peligroso. Todo esto forma parte del proceso de madurez. De vez en cuando, el niño debe renunciar a algo infantil para disfrutar de algo más maduro. Este proceso se denomina destete.

Al igual que un aguilucho en el nido, un niño que está en el pecho de la madre se siente seguro y satisfecho, pero sería una tragedia si permaneciera así. Los niños mayores y los adultos merecen las alegrías y los privilegios de la madurez: la libertad de tomar decisiones, la oportunidad de explorar y de aprender, las bendiciones de la amistad, los retos de la escuela y del empleo. Ser totalmente dependiente de otros privaría a la persona de la mayor parte de alegrías de la vida humana. El "proceso de separación" comienza desde el nacimiento, cuando el bebé sale de la seguridad del útero. En poco tiempo, debe dejar la leche para tomar alimentos sólidos; pronto, va a la escuela, comienza a explorar su barrio y hace nuevos amigos. Luego, el joven adulto se gradúa de la escuela secundaria, se va de la casa familiar a vivir a un dormitorio universitario y, finalmente, consigue su propio apartamento. La madurez implica el proceso doloroso de pasar de los juguetes a las herramientas, de los premios a los valores, de la gratificación instantánea a la paciencia, de dar órdenes a obedecerlas, del egoísmo al amor, y de la mala cara y el enojo a decir: "mas no lo que yo quiero, sino lo que tú" (Mr. 14:36).

Cuando pienso en el "destete" en la vida de fe, pienso en el patriarca Abraham. Primero, tuvo que dejar su casa en la ciudad idólatra de Ur. Luego, tuvo que decir adiós a su padre y a su hermano. Su sobrino Lot estaba estorbando en el camino, así que Dios lo sacó de escena. También hizo que despidiera a Agar y a su hijo Ismael. Entonces le dijo que sacrificara a su hijo único, Isaac. Dios quería que Abraham confiara solo en Él, en sus promesas, su pacto y su poder, en lugar de ser de doble ánimo y de cojear por la vida, tratando de confiar en Dios mientras que también confiaba en sí mismo.

"Pero sin fe es imposible agradar a Dios" (He. 11:6) o servirle. Él nos desteta, tal como lo hizo con Abraham, para que desarrollemos una fe madura solo en Él, que le agrade y nos permita servirle mejor.

El mensajero (Jer. 12:1-6)

El profeta Jeremías comenzó su ministerio siendo joven (Jer. 1:4-10) y, de repente, empezó a servir en un momento difícil en la historia de Judá. Les declaró fielmente el mensaje de Dios a los gobernantes y al pueblo, pero se enfrentó a un obstáculo teológico que casi lo silenció. Se dio cuenta de que los malvados en Jerusalén prosperaban, mientras que los fieles del remanente devoto sufrían. ¿Por qué Dios bendice a los malos y no libera a los justos? (Jer. 12:1-4). La respuesta de Dios fue breve, pero potente:

> Si los que corren a pie han hecho que te canses, ¿cómo competirás con los caballos? Si te sientes confiado en una tierra tranquila, ¿qué harás en la espesura del Jordán? (Jer. 12:5, NVI).

Dios había dicho claramente que el ministerio de Jeremías no sería fácil, sería como correr una carrera difícil. Empezaría compitiendo con los soldados que iban a pie, pero pronto serían remplazados por jinetes a caballo. Y, ¿qué hombre o mujer puede correr más rápido que un caballo? Dios le estaba diciendo a Jeremías que su ministerio se haría más difícil, no más fácil. Correr en los caminos era una cosa, pero ¿qué iba a hacer en "la espesura del Jordán", donde no hay senderos fáciles y podría enfrentarse a bestias feroces? Esa era la mala noticia. La buena era que, al hacer frente a estos nuevos retos, *haría uso de las capacidades que Dios le había dado y que no sabía que tenía*. Los retos lo llevarían a madurar su carácter y sus habilidades. Dios no mima a sus líderes, sino que los prueba para que estén mejor equipados (He. 13:20-21). El dicho conocido es cierto: "La voluntad de Dios nunca nos llevará a donde su gracia no nos pueda sostener y capacitar".

Los líderes no deben detenerse;
de lo contrario, retrocederán.

Deben seguir avanzando para que otros puedan ir con ellos y conquistar nuevo territorio. A esto le llamamos "madurez" y la palabra clave es perseverancia. "Corramos con paciencia la carrera que tenemos por delante, puestos los ojos en Jesús, el autor y consumador de la fe" (He. 12:1-2). Un caminante que iba por un sendero le preguntó a un campesino: "¿A qué distancia está el siguiente pueblo?". Y él le respondió: "Siga caminando". Probablemente, el camino será más difícil, pero si es camino de Dios, no tenemos por qué preocuparnos. "Guía a los humildes para que hagan lo correcto; les enseña su camino" (Sal. 25:9, NTV).

No es raro que los líderes de Dios experimenten dificultades y desánimo a medida que avanzan en su trabajo; en realidad, tienen todo el derecho a esperar oposición. Así como Jeremías, líderes bíblicos como José, Moisés, David y Pablo podrían dar fe de este hecho, al igual que biografías y autobiografías cristianas. Las cargas y batallas que forman parte del liderazgo son las que nos ayudan a madurar, a hacer más para el Señor y a glorificar su nombre.

¡Siga caminando! ¡Siga corriendo! ¡Siga confiando!

El gimnasio (He. 12:4-13)

En la antigua Grecia, los padres llevaban a sus hijos al gimnasio local para que les enseñaran a correr, luchar, boxear, nadar y hacer el ejercicio adecuado. "Una mente sana en un cuerpo sano" era la meta de la educación griega, por lo que los niños tenían que empezar desde temprana edad, generalmente alrededor de los seis años. Los griegos y los romanos se entusiasmaban tanto con los deportes como las personas de hoy.

Este pasaje de Hebreos es uno de los más importantes para comprender el valor de la formación y la perseverancia. Explica que las dificultades que Dios permite les pueden ayudar a sus hijos e hijas a desarrollar disciplina, y ésta nos ayuda a seguir adelante cuando las cosas se ponen difíciles. "Ninguna disciplina, en el momento de recibirla, parece agradable, sino más bien penosa; sin embargo, después produce una cosecha de justicia y paz para quienes han sido entrenados por ella" (v. 11, NVI). La palabra griega para "entrenados" es la palabra "gimnasio".

Tenga en cuenta que el Padre disciplina a *sus propios hijos,* lo cual explica por qué a menudo parece que los no creyentes tienen una vida más fácil en esta tierra. Fíjese también que la disciplina se aplica en amor, por el bien del creyente. Si Dios permite que seamos "arados" por las personas y las circunstancias, es solo porque ve una cosecha. *El tipo de cosecha que recogemos depende de las semillas que plantamos.* Si plantamos fe, gratitud y alabanza a Dios, la cosecha será hermosa y glorificará al Señor; si plantamos incredulidad, quejas y desobediencia, recogeremos una cosecha amarga de tristeza. Se requiere tiempo para que aparezca la cosecha, por lo que necesitamos "fe y paciencia" para confiar en las promesas de Dios (He. 6:12).

Cada creyente experimenta la disciplina en el gimnasio de Dios. Sin embargo, a menudo los líderes tienen que hacer cursos de postgrado que son muy exigentes. Ellos asumen más responsabilidades, reciben menos reconocimiento y llevan cargas mucho más pesadas que sus compañeros. Creo que fue el presidente Harry Truman quien dijo: "Ser un líder es estar solo. Hay mucha soledad en las altas esferas". Una noche de 1945, el general Dwight Eisenhower estaba caminando a lo largo del Rin y pensaba en la travesía que harían sus hombres al día siguiente. Se encontró con un soldado que también estaba dando un paseo y le preguntó por qué no estaba durmiendo. El joven no reconoció al general y le dijo:

—Es que estoy un poco nervioso.

—Bueno, yo también —dijo Eisenhower—, vamos a caminar juntos. Tal vez podamos animarnos uno al otro.

Los líderes sufren y se sacrifican para entender cómo se sienten los soldados y para afrontar el futuro con confianza junto a ellos. "Los líderes no causan dolor", dice un experto en negocios, "sino que soportan el dolor". *¡Y cuando el dolor o la anticipación del dolor están en su peor momento, es porque algo grande está a punto de suceder!* Nuestro Padre nunca desperdicia el sufrimiento; nosotros tampoco debemos hacerlo porque el arado precede a la siembra y ésta traerá la cosecha.

8

Capacidad

Pensemos ahora en la capacidad.

En la conocida parábola de los talentos (Mt. 25:14-30), Jesús dice que el dueño distribuyó el dinero según la capacidad de cada siervo (v. 15). La capacidad es el poder de transformar las oportunidades en logros y de sacar algo bueno de la transacción. El criado con más habilidad recibió cinco bolsas de oro; el que tenía una capacidad promedio recibió dos bolsas; y el siervo con una capacidad mínima recibió una bolsa. Eso parece prudente y justo, pero el problema no era la parte con la que empezaron, sino la *proporción* con la que terminaron. Los dos primeros siervos duplicaron su riqueza, de cinco a diez bolsas y de dos bolsas a cuatro, pero el tercero desaprovechó la oportunidad al esconder el oro. Al final, perdió la bolsa que tenía (v. 28).

Los dos primeros siervos recibieron elogios idénticos (vv. 21, 23), pero al tercero lo llamaron malo y perezoso, y fue disciplinado (vv. 26-30). De haber ganado solo una bolsa más, habría cumplido los requisitos para el mismo ascenso que recibieron los otros dos, porque dependía de la proporción.

Cada habilidad que tenemos es un regalo de Dios, quien determinó y supervisó el "entretejimiento" de nuestra personalidad antes de nacer (Sal. 139:13-16). En su sabiduría, el Señor nunca me dio destreza mecánica o capacidad deportiva, aunque mis dos hermanos las tenían. Mi único talento fue trabajar con palabras: leerlas, hablarlas y reunirlas sobre el papel. Formé parte de la junta directiva estudiantil (componiendo discursos) y del equipo del periódico de la escuela (redactando y editando artículos) desde séptimo hasta la graduación. Nuestra universidad tenía un taller de impresión nuevo y bueno, en el que trabajé hasta que me gradué. Allí aprendí cómo se imprimían las palabras en el papel. Yo estaba en mi mundo y lo sabía.

Cuando el Señor me salvó, me dio el don espiritual de la enseñanza de su Palabra, que se adapta perfectamente a mi capacidad de usar las palabras. La predicación y la enseñanza me llevaron a la escritura, y he invertido mi vida en estudiar la Biblia y en dar a conocer sus verdades a las personas en todo el mundo, de forma personal y a través de mis libros. Ha sido una vida maravillosa y estoy agradecido al Señor por su bondad.

Los líderes deben descubrir sus habilidades y dones tan pronto como sea posible y deben utilizarlos por el poder del Espíritu para la gloria del Señor. Las personas más deprimentes, aparte de quienes tratan de aparentar capacidades que no tienen, son quienes las tienen y nunca las usan.

Nadie es más feliz que la persona que se conoce, se acepta a sí misma y a sus habilidades, y se entrega al Señor para servirle como Él cree conveniente.

En más de una ocasión, me sentí fuera de lugar, como gallina en corral ajeno, y deseaba salir de ciertos lugares cuanto antes. Entonces, aprendí a decir "no" y desde ahí, rara vez me he visto sirviendo en lo que no me corresponde.

Si el siervo con "una bolsa de oro" hubiera aceptado simplemente la forma en que Dios le hizo, le habría dado gracias y se habría puesto a trabajar para multiplicar el dinero. También habría recibido la felicitación y la recompensa. Fíjese en la secuencia de los acontecimientos en las vidas de los otros dos hombres: empezaron como siervos y después fueron distinguidos; fueron fieles en lo poco y terminaron con muchas cosas; comenzaron con trabajo y terminaron compartiendo el gozo del Maestro. Su fidelidad valió la pena. "Se requiere de los administradores, que cada uno sea hallado fiel" (1 Co. 4:2). No solo debemos hacer lo que el Maestro nos dice que hagamos, sino también debemos hacerlo de la manera que Él quiere. Dios quiere que usemos la(s) capacidad(es) que nos ha dado y que estemos agradecidos por este privilegio.

Un día, estaba meditando al respecto, cuando me di cuenta de que el joven al que llamamos "hijo pródigo" (Lc. 15:11-25) tomó el camino opuesto y fracasó por completo. Después de recoger su herencia, se fue a un país lejano (como un hombre importante) y terminó como un siervo que alimentaba a los cerdos. Empezó con muchas cosas y solo terminó con la ropa que vestía; comenzó su aventura con gran alegría, porque ya no vivía bajo la autoridad de su padre y la mirada atenta de su hermano mayor, pero terminó en gran tristeza y esclavitud, mientras esperaba que alguien le diera algo de comer.

Piense por un momento en todas aquellas personas de la Biblia que han seguido la fórmula de Mateo 25:21 y alcanzaron un éxito enorme. José sirvió a su padre, a su amo en Egipto y al jefe de la prisión, así como a los demás presos en la cárcel, y Dios le permitió ascender de siervo a gobernante. Comenzó con casi nada y terminó con grandes riquezas, y su dolor se transformó en alegría, sobre todo cuando se reconcilió con sus hermanos. La fórmula funcionó.

Moisés también comenzó como un siervo, era un pastor en Madián, pero con el tiempo se convirtió en el líder de la nación de Israel. Josué comenzó como siervo de Moisés y cuando este murió, asumió el liderazgo de la nación. David comenzó su carrera apacentando el rebaño de ovejas de su padre y terminó guiando al pueblo de Israel. Cuando nuestro Señor Jesucristo vino a la tierra, lo hizo como un siervo pobre, sin un lugar donde reclinar su cabeza. Fue tratado como un malhechor, pero hoy reina en la gloria porque Dios lo exaltó hasta lo sumo (Fil. 2:1-11).

Los verdaderos líderes no avanzan en sus fuerzas, sino que sirven a Dios con fidelidad y dejan que Él los prepare para lo que ha planeado para ellos. Los líderes no fuerzan las puertas para que se abran; oran pidiéndole al Señor que las abra, y esperan con paciencia el tiempo de Dios. He tenido el privilegio de hablar en varias conferencias para pastores de diversas denominaciones y me ha dolido ver cuántos hombres se mezclan con la "administración" y hacen una campaña sutil por una "iglesia más grande". Parecen haber olvidado 1 Pedro 5:5-6.

Que Dios nos equipe y nos capacite para estar en lugares que se adapten perfectamente a nuestros dones y habilidades, es uno de los mayores privilegios y alegrías de la vida cristiana. "El gozo del Señor" incluye el que Él experimentó al servir al Padre aquí en la tierra, el gozo de someterse a su voluntad y poder bajo la dirección de su Espíritu. "En aquella misma hora Jesús se regocijó en el Espíritu, dijo: Yo te alabo, oh Padre, Señor del cielo y de la tierra, porque escondiste estas cosas de los sabios y entendidos, y las has revelado a los niños. Sí, Padre, porque así te agradó" (Lc. 10:21).

Debemos ser diligentes en fortalecer y perfeccionar nuestros dones y capacidades porque siempre hay más para aprender y para hacer. "No descuides el don que hay en ti", le escribió Pablo a Timoteo (1 Ti. 4:14). En su segunda carta, le advirtió: "Te aconsejo que avives el fuego del don de la Dios que está en ti" (2 Ti. 1:6). En la parábola de nuestro Señor, el criado con una bolsa de oro pecó por no hacer nada. Enterró su oportunidad y la protegió, en lugar de invertir con ella. En vez de decir: "Mi señor confía en mí y no quiero fallarle", se asustó y asumió una posición neutral. Este hombre no tenía una opinión muy alta de su señor (Mt. 25:24-25) y esto hizo que tuviera una baja opinión de su oportunidad. La relación del líder con el Señor es la clave del éxito.

Cuando servía en la emisión del programa "De vuelta a la Biblia", el director fundador Theodore Epp invitó a J. Oswald Sanders a hablar en la capilla durante unos días. Fue una delicia conocerlo y escucharlo. En ese momento, él era el director general de la Misión al Interior de China. Yo había leído sus libros y me habían ayudado mucho. Una noche, él y yo íbamos caminando a la casa de un miembro del equipo de la emisora para cenar juntos y el doctor Sanders me preguntó: "¿Qué ha estado haciendo últimamente?", lo que me llevó a explicarle todo mi calendario (pasado, presente y futuro), que incluía viajar, hablar y escribir, mientras él me escuchaba con paciencia. Luego dijo en voz suave: "Pero nosotros servimos a un Señor maravilloso, ¿no es verdad?" y eso resolvió el asunto. Esas pocas palabras me reprendieron con amor y me encaminaron por la senda correcta.

Desde ese momento, comencé a ver el ministerio como una oportunidad para disfrutar la comunión con mi Maestro y para complacer su corazón a medida que trabajábamos juntos, en lugar de verlo como una lista de trabajos difíciles por hacer. El apóstol Juan lo dijo muy bien: "Y sus mandamientos no son gravosos" (1 Jn. 5:3). ¿Por qué? Porque son expresiones de su amor. Cuando la obediencia está motivada por el amor, el trabajo no es una carga que nos agobia, sino una marea que nos levanta. Jesús le preguntó a Pedro tres veces: "¿Me amas?" (Jn. 21:15-19), no porque Jesús no lo supiera, sino porque Pedro necesitaba saberlo. "A quien amáis sin haberle visto" (1 P. 1:8), les escribió Pedro a los creyentes años más tarde.

Las capacidades que tenemos, las hemos recibido del Señor. Él nos las dio para invertirlas "no con tristeza, ni por necesidad, porque Dios ama al dador alegre" (2 Co. 9:7), en lugar de admirarlas o enterrarlas.

9

Autoridad

Nadie debe ejercer autoridad si no está bajo autoridad; ese tipo de "liderazgo" es irresponsable. Sin importar cuántas personas hay por encima o por debajo de nosotros, debemos tener en cuenta que Dios es nuestra autoridad suprema y que somos responsables ante Él.

Según Romanos 13:1-5, Dios es el creador de la autoridad en esta tierra, pero no es responsable por cada líder incompetente que está en puestos de autoridad. Sin embargo, ha establecido un sistema de autoridad dentro de la sociedad, el cual es esencial para el funcionamiento eficaz de la vida humana. En última instancia, alguien debe hacerse cargo, tomar decisiones y ser responsable de lo que se hace. La "trinidad" del liderazgo es autoridad, responsabilidad y rendición de cuentas. Dios lo diseñó de esta manera. Aunque no nos gusten algunas personas que están en puestos de autoridad, debemos respetar su posición y la autoridad que hay detrás. Pablo manda: "Sométase toda persona a las autoridades superiores" (Ro. 13:1), excepto cuando exigen que desobedezcamos a Dios. Entonces podremos responder como los apóstoles: "Es necesario obedecer a Dios antes que a los hombres" (Hch. 5:29).

El profeta Isaías describió la agitación social y política de su época, producto de una falta de liderazgo santo: "Tú sabes que son muchas nuestras rebeliones; nuestros pecados nos acusan. Nuestras rebeliones no nos dejan; conocemos nuestras iniquidades. Hemos sido rebeldes; hemos negado al Señor. ¡Le hemos vuelto la espalda a nuestro Dios! Fomentamos la opresión y la traición; proferimos las mentiras concebidas en nuestro corazón. Así se le vuelve la espalda al derecho, y se mantiene alejada la justicia; a la verdad se le hace tropezar en la plaza, y no le damos lugar a la honradez" (Is. 59:12-14, NVI). Se trata de una imagen del "atasco" social y político que se produce cuando los líderes ignoran la autoridad de Dios y trabajan solo para favorecerse a sí mismos.

Los romanos gobernaban cuando Jesús ministró en la tierra, por lo que les enseñó a sus oyentes: "Dad, pues, a César lo que es de César, y a Dios lo que es de Dios" (Mt. 22:15-22). Sin embargo, las opiniones de nuestro Señor sobre la autoridad diferían radicalmente de las de César y Pilatos. Piense en Lucas 22:24-27:

Hubo también entre ellos una disputa sobre quién de ellos sería el mayor. Pero él les dijo: Los reyes de las naciones se enseñorean de ellas, y los que sobre ellas tienen autoridad son llamados bienhechores; mas no así vosotros, sino sea el mayor entre vosotros como el más joven, y el que dirige, como el que sirve. Porque, ¿cuál es mayor, el que se sienta a la mesa, o el que sirve? ¿No es el que se sienta a la mesa? Mas yo estoy entre vosotros como el que sirve.

Los discípulos no eran los únicos que "buscaban posiciones" y debatían acerca de lo importantes que se creían. La pregunta "¿quién es el más grande?" todavía está de moda y se utiliza hoy para medir a las personas. Pero si Jesús es nuestro ejemplo de servicio, la pregunta correcta debería ser: "¿Quién le sirve al mayor número de personas con el mayor sacrificio?", en lugar de: "¿Quién es el más grande?". De acuerdo con nuestro Señor, el siervo es el más grande a los ojos de Dios. La espada y el cetro no simbolizan el servicio cristiano, sino la toalla, el tazón *y la cruz*.

Los ejecutivos se preguntan unos a otros: "¿Cuántas personas trabajan para usted?", pero Jesús pregunta: "¿Para cuántas personas trabaja?".

Disfrutamos de los muchos derechos que nos concede la ley, pero Jesús nos anima a servir como el más joven del equipo, quien puede no tener derechos.

Aquí, la palabra clave es *humildad*, un concepto que despreciaban los griegos y romanos antiguos. Para ellos, la humildad significaba debilidad, no valor. Pablo escribió Filipenses 2:1-11 y nos dio una idea acerca de la humildad de nuestro Señor cuando vino a la tierra. La palabra "humildad" trae dos citas a mi mente. La primera define la humildad como "No pensar mal de ti mismo. Ni siquiera pensar en ti mismo". La segunda es otra definición: "La humildad es esa gracia que se pierde cuando uno sabe que la tiene". Si se da autoridad a las personas orgullosas, se creen más que otros y empiezan a dar órdenes. Al darles autoridad a las personas humildes, crecen, se someten aún más y empiezan a recibir órdenes.

La relación entre el servicio sacrificial y el liderazgo es importante. Nos dan la autoridad, junto con el trabajo a realizar, pero debemos dar la talla y tener autoridad, si queremos tener éxito. O damos la talla en el nuevo trabajo o traemos la que teníamos en el anterior. Debemos pagar un precio por dar la talla, pero sin ésta no vamos a inspirar a otros a obedecer, respetar y amar, los cuales son elementos necesarios para un liderazgo eficaz.

Cuando George Washington aceptó el cargo de comandante en jefe del ejército revolucionario de

Estados Unidos, no tenía un historial militar espectacular, pero tenía carácter. Sus hombres sabían lo que sacrificaba al convertirse en su líder, y lo idolatraban. El destacado historiador Gordon S. Wood escribió: "El genio y la grandeza de Washington estaban en su carácter... Era su carácter moral el que lo distinguía de los demás hombres".[1] Los soldados eran leales a su causa, que se personificaba en su comandante. Dicho sea de paso, Washington nunca aceptó ningún salario por sus servicios durante la Guerra de Independencia.

Repasemos la definición que tenemos hasta el momento: "Los líderes cristianos son personas que, por fe, usan su carácter, capacidades, autoridad y oportunidades con gusto...". Las capacidades son dones de Dios, tesoros que podemos proteger y perfeccionar. La autoridad también es un don de Dios y la aceptamos sabiendo que implica responsabilidad y rendición de cuentas. Dios nos ayuda a edificar el carácter a lo largo de los años, en la medida que obedecemos su voluntad y nos entregamos a su Espíritu. Sin embargo, nuestra talla como líder aumenta a medida que nos entregamos de todo corazón al Señor y a los demás. Pablo escribió de Timoteo: "Pues a ninguno tengo del mismo ánimo, y que tan sinceramente se interese por vosotros. Porque todos buscan lo suyo propio, no lo que es de Cristo Jesús" (Fil. 2:20-21). Cristo viene primero a nuestra vida (Fil. 1:21) y luego, a la de otros.

Recibimos la autoridad de aquellos que están por encima de nosotros; nuestra talla como líderes la ganamos gracias a quienes nos rodean y el precio que pagamos es el servicio de sacrificio. Jesús dijo: "Yo estoy entre vosotros como el que sirve" (Lc. 22:27). Observe la frase "entre vosotros". Él estaba *por encima* de ellos como Señor, pero también estaba *entre ellos* como siervo. Pedro se acordó de esto y escribió años después: "Ruego a los ancianos que están entre vosotros, yo anciano también con ellos... Apacentad la grey de Dios que está entre vosotros" (1 P. 5:1-2). Los líderes están sobre el pueblo, pero también están entre ellos; son hermanos y hermanas, y líderes, por lo que a veces es difícil mantener el equilibrio. Diótrefes lo perdió, se opuso al Señor y dividió a la iglesia (3 Jn. 9-10). Lamentablemente, quienes quieren ser "jefes de iglesia" todavía están entre nosotros hoy.

El líder que dirige solo por decreto ejecutivo, los expertos llaman a esto "microgestión", es un insulto a sus compañeros y pierde oportunidades para mostrar un liderazgo creativo. No se usa un cañón para matar un mosquito. Los líderes que insisten en participar en todas las decisiones, en todos los niveles de la organización, tienen poca confianza en sus colaboradores y excesiva confianza en sí mismos. Al mismo tiempo, los líderes que "ceden la responsabilidad" a sus subordinados y se niegan a tratar los grandes problemas de forma directa, no merecen tener su nombre en la puerta de la oficina, es más, no merecen el puesto ni la puerta.

¿Recuerda la frase "por fe" de nuestra definición? No solo se refiere a la fe en que el Señor va a obrar *a través de* la organización, sino también la fe en que Él va a trabajar *dentro* de la organización y va a ayudarles a los fieles a hacer bien su trabajo. Necesitamos orar por nuestros colaboradores y pedirle a Dios que los capacite, les ayude a madurar y los bendiga. Las personas en las que no se puede confiar y que no van a mejorar, deben ser retiradas del equipo y debemos ayudarles a encontrar un lugar de servicio adecuado para ellas, si es que existe.

10

Oportunidad

L a siguiente palabra de nuestra definición es *oportunidades.* Los líderes son personas que tienen un don para atraer y reconocer oportunidades, y utilizarlas para retar y formar a los obreros con el fin de hacer el trabajo. A menudo, el verbo "aprovechar" se usa antes de la palabra "oportunidad" porque, así como la vida, una oportunidad "aparece por poco tiempo y luego se desvanece" (Stg. 4:14). Un proverbio oriental dice que la oportunidad tiene solo un mechón de pelo y, por tanto, hay que aprovecharla cuando se acerca. De lo contrario, no se puede atrapar. Las oportunidades que se descuidan o se pierden rara vez regresan. El poeta cuáquero John Greenleaf Whittier escribió: "De todas las palabras tristes de la lengua o de la pluma, las más tristes son las siguientes: 'Podría haber sido'. Las segundas serían: 'Si tan solo...'".

La palabra "oportunidad" proviene de dos palabras latinas que significan "hacia el puerto". La imagen es clara: el piloto de la nave tiene un puerto en mente y sin importar cuáles sean las circunstancias (latín de nuevo: "lo que está alrededor"), las utiliza para que le ayuden a alcanzar su meta. Un proverbio romano dice: "Cuando el piloto no sabe a qué puerto se dirige, ningún viento es bueno". Podemos convertir fácilmente las circunstancias en excusas, las cuales pueden producir retrasos y desvíos. "El que al viento observa, no sembrará; y el que mira a las nubes, no cosechará" (Ec. 11:4; véase también Pr. 22:13; 26:13). El evangelista Billy Sunday define una excusa como "la piel de un motivo rellena de una mentira", lo cual explica por qué las personas que son buenas para dar excusas rara vez son buenas para hacer algo más.

Una vez, escuché al líder de un ministerio cristiano decir que tenía la "suerte" de tener la posición que ocupaba. Sin embargo, los cristianos no somos jugadores, no creemos en la suerte, sino en la soberanía de Dios, quien ordena los acontecimientos según sus propósitos sabios. Los teólogos llaman a esa capacidad "La providencia de Dios" (en latín, *pro* = antes, de antemano y *video* = ver). Dios no es víctima de las decisiones que las personas toman de forma descuidada; más bien, las anula cuando no le permiten gobernar; los rebeldes son los perdedores. Alguien le preguntó a un eminente teólogo: "¿Realmente cree que lo que será, será?". Él respondió: "¿Quiere hacerme creer que no será lo que será?". Este hombre podría haber citado el Salmo 115:3: "Nuestro Dios está en los cielos; todo lo que quiso ha hecho".

Las oportunidades les dan energía a los fieles y paralizan a los temerosos. Cuando la oportunidad llama a la puerta, no despierta a todo el mundo de inmediato. Solo los líderes (y los líderes en potencia) que ya están despiertos y que escuchan, oyen el golpe y abren la puerta hacia el futuro. De todos los hombres hábiles que David tenía en su ejército, en Hebrón, tal vez los más valiosos eran los "entendidos en los tiempos, y que sabían lo que Israel debía hacer" (1 Cr. 12:32). No todos tienen ese don, pero debemos estar alerta para identificar a quienes son talentosos para escuchar su consejo y sopesarlo con cuidado.

Si no estamos atentos a las oportunidades, pronto estaremos cultivando la conformidad, perdiendo contacto con la realidad y paseando por el camino cómodo que conduce a la miseria. Si no hay problemas y retos nuevos en nuestro trabajo, si no surgen planes nuevos e interesantes de las reuniones del equipo, si las personas con talento del equipo comienzan a salir para servir en otras organizaciones, probablemente ya estamos en ese camino peligroso. Si glorificamos "los buenos tiempos de ayer", y no queremos tener en cuenta nuevas ideas y hacer cambios que mejoren nuestro trabajo, el golpe en la puerta no es el de la oportunidad. Quizás son los portadores del féretro corporativo.

Esto no significa que debemos ignorar el pasado y que, al igual que los antiguos atenienses, debemos dedicar nuestro tiempo a discutir cada idea nueva que pasa flotando (Hch. 17:21) porque los líderes deben resistirse a las novedades populares tanto como a las antigüedades decadentes. El lema oficial de Juventud para Cristo lo expresa muy bien: "Preparados para los tiempos, anclados en la Roca". Algunas cosas en nuestro trabajo nunca deberían cambiar porque nos dan identidad y continuidad, pero otras deben ser modificadas, si queremos estar al día. Probablemente, la persona que hoy va de puerta en puerta vendiendo herraduras o plumas de ganso para escribir encontrará pocos compradores.

Los líderes eficaces *deben buscar* al Señor con frecuencia para recibir orientación y probarlo todo mediante su Palabra. "Examinadlo todo, retened lo bueno" (1 Ts. 5:21). También, deben mirar *hacia atrás* y determinar de qué forma lo nuevo encaja con lo antiguo. "Quien no conoce el pasado está condenado a repetirlo", dijo el filósofo George Santayana. Si nos ponemos nostálgicos por el pasado, en vez de ser sensibles, nuestro punto de vista estará equivocado al *mirar hacia adelante* y planear para el futuro.

Dios ha establecido en su creación que lo nuevo vendrá de lo viejo y con el tiempo, lo primero puede reemplazar a lo segundo. Por lo tanto, es una locura luchar contra ese plan. "Lo que ahora existe, ya existía; y lo que ha de existir, existe ya. Dios hace que la historia se repita" (Ec. 3:15, NVI). Al margen de la NVI se lee: "y Dios llama de nuevo el pasado". Unas frases que aprendí en una clase en el seminario me han ayudado mucho:

Los métodos son muchos; los principios, pocos.
Los métodos siempre cambian; los principios, no.

Nunca debemos adoptar un método nuevo hasta que comprendamos sus principios subyacentes y podamos determinar si son bíblicos y prácticos. Lo viejo y lo nuevo no son enemigos, son compañeros.

Como creyentes, debemos recordar que el enemigo va a ponernos trampas y a decirnos que son oportunidades. "No moriréis", le dijo Satanás a Eva, "sino que sabe Dios que el día que comáis de él [del árbol prohibido], serán abiertos vuestros ojos, y seréis como Dios" (Gn. 3:4-5). Al menos en dos ocasiones, Josué cayó en trampas porque no dedicó tiempo a buscar la guía del Señor (Jos. 7; 9). David desobedeció la ley de Dios cuando llevó el Arca del Pacto en un carro nuevo a Jerusalén (2 S. 6). Que todo el mundo aplaudiera lo que el rey estaba haciendo, no significaba que sus acciones fueran correctas.

A menudo, las oportunidades parecen imposibles, pero el Señor es especialista en hacer lo imposible.

"Lo que es imposible para los hombres, es posible para Dios" (Lc. 18:27). De hecho, al hacer Dios lo imposible, recibe la mayor gloria. Las páginas de las Escrituras, la historia de la Iglesia, y las biografías y autobiografías cristianas dan testimonio de esto. La frase clave es "por fe", no "por las finanzas", "por la fuerza" o "por la diplomacia". Cuando Jesús quiso alimentar a más de 5.000 personas, empezó con lo que tenía (el almuerzo de un niño), y después levantó la mirada al Padre en busca de su bendición. Aunque sus discípulos pensaron que el dinero era la solución al problema (Jn. 6:7), aprendieron la lección al distribuir el pan y el pescado.

"Mantengan su ministerio sobre una base milagrosa", nos decía el doctor Bob Cook. "Si pueden explicar lo que está pasando, Dios no lo hizo". Puedo dar testimonio de que este consejo es válido.

11

Servicio

Los líderes fieles siguen el ejemplo de Jesús y piensan en otros antes que en sí mismos. "Si alguno quiere ser el primero, será el postrero de todos, y el servidor de todos", les dijo Jesús a sus discípulos (Mr. 9:35). Cuando los líderes toman decisiones, no piensan solo en la gloria de Dios, sino también en el bienestar de sus compañeros. Se preguntan: "¿Qué puedo hacer para ayudarles a desarrollar sus posibilidades como líderes? ¿Hay oportunidades que puedo indicarles que los retará aun más?".

Hace muchos años, escribí una página editorial para la revista *Confident Living* [Vivir con seguridad] y la titulé: "Se buscan: Personas bisagra".[1] ¿Qué son las "personas bisagra"? Hombres y mujeres que Dios utiliza para abrir puertas de oportunidades para otros. Después de todo, las puertas grandes se pueden abrir gracias a bisagras pequeñas. Jesús tiene las llaves (Ap. 3:7-8), pero quiere usar a sus líderes para señalarles el camino a otros.

Muchos cristianos saben que Dios usó a Juan Knox para dirigir la reforma religiosa en Escocia, pero puede que no sepan que su amigo John Rough le retó a empezar a servirle al Señor mediante la predicación de la Palabra. Un cristiano llamado George Gould asistió a una conferencia de escuela dominical en Cambridge (Inglaterra) y quedó impresionado por el mensaje predicado por un joven ministro local. Gould mencionó el nombre del ministro a Thomas Olney, un diácono en una iglesia de Londres, que estaba buscando un pastor. El resultado fue que Charles Haddon Spurgeon fue llamado a servir en Londres, y allí desarrolló un ministerio fenomenal.

Podría dar otros ejemplos, pero la idea es ésta: John Rough, George Gould y Olney Thomas fueron "personas bisagra", útiles para ayudarles a otros a abrir puertas en los ministerios que Dios les había preparado. Puedo pensar en muchas personas bisagra en mi propia vida. Una fue la maestra de escuela que me retó a leer y a escribir de forma rigurosa; el diácono que me pidió que diera mi testimonio en una reunión en la calle; y al amigo que quería que yo fuera su compañero de habitación en el seminario. El director de Juventud para Cristo que me retó a ser parte del equipo internacional y a enseñar la Biblia a los adolescentes es todavía uno de mis mejores amigos. Mientras estaba en el equipo de JPC, nuestro presidente Ted Engstrom me presentó a varios escritores, editores y casas editoriales cristianos, e incluso me pidió que escribiera algunos libros con él. Ted era sensible y agradecía lo que su equipo lograba y podía lograr, y nos lo decía.

Por supuesto, esto puede ser un riesgo, pues al abrir puertas para otros en nuestro propio campo de servicio, puede que con el tiempo, el Señor los llame a otros campos. Más de un presidente de Juventud para Cristo Internacional salió para convertirse en presidente de alguna universidad, y muchos directores de reclutamiento fueron llamados a ser pastores de iglesias estratégicas. He perdido la cuenta de los alumnos de JPC que llegaron a ser autores, predicadores a través de los medios de comunicación o directores de ministerios misioneros. Yo serví en JPC cuatro años y luego regresé al pastorado. Poco a poco fui desarrollando un ministerio ambulante de enseñanza de la Biblia, y después trabajé durante diez años en el equipo del programa radial "De vuelta a la Biblia". ¿Dónde habría estado sin "las personas bisagra" del Señor?

Sea una "persona bisagra". Ayude a otros a alcanzar su máximo potencial o, por lo menos, anímelos a seguir constantemente hacia esa dirección.

J. Hudson Taylor solía orar pidiendo que Dios le diera "amplia utilidad" y Él respondió su oración. Taylor promovió otras agencias misioneras, así como su propia Misión al Interior de China, incluso recaudó dinero y contrató obreros para otros. Confío en que el Señor me haya usado durante mis muchos años de ministerio para dirigir a otros hacia puertas abiertas y para animarlos a entrar por fe.

Pero como ya he dicho, no es fácil decir adiós a las personas que has ayudado a capacitar para su ministerio. "Ministrando éstos [los creyentes de Antioquía] al Señor, y ayunando, dijo el Espíritu Santo: Apartadme a Bernabé y a Saulo para la obra a la que los he llamado" (Hch. 13:2). Bernabé y Saulo fueron dos hombres destacados en la iglesia y, sin duda, los extrañarían mucho. De hecho, Bernabé se desplazó hasta Tarso, y allí reclutó a Saulo para servir con él en Antioquía (Hch. 11:22-26). Después, el Señor los reclutó para un trabajo más grande. No podemos jugar a ser Dios en la vida de las personas y decirles lo que Él quiere que hagan, pero podemos estar disponibles por si el Señor quiere que les ayudemos a abrir una puerta.

Ciertamente, Jesús abrió puertas para sus discípulos. Los cuatro pescadores nunca hubieran entrado en la historia secular o sagrada, pero Él lo hizo posible. Me maravillo de la gran paciencia que nuestro Señor tuvo con sus discípulos, especialmente con Pedro. Jesús le permitió vivir diferentes situaciones para que aprendiera más sobre sí mismo y sobre lo que Dios podía hacer por él. Jesús usó la barca y las redes de Pedro para enseñarle algunas lecciones valiosas de fe, y cada fracaso que experimentó le enseñó algo nuevo sobre sí mismo y sobre su Maestro. Lo que la vida nos hace no solo depende de lo que encuentra en nosotros, sino que también determina lo que Dios hace por nosotros. El Señor transformó a Simón de arena a roca y puede hacer lo mismo con nosotros. Con su ayuda, podemos hacer lo mismo con otros.

El gran empresario Andrew Carnegie escribió para su lápida: "Aquí yace un hombre que sabía contratar a hombres mejores que él para su servicio", lo cual coincide con la declaración del primer ministro británico Harold Macmillan: "Sea como un roble porque sus ramas se extienden ampliamente para que nuevos árboles jóvenes pueden crecer bajo su sombra", en otras palabras, sea una "persona bisagra". Ayude a otros a alcanzar su máximo potencial o, por lo menos, anímelos a seguir constantemente hacia esa dirección. No hay mejor manera de servir a las futuras generaciones y, además, es una de las mejores formas de darle gloria al Señor.

El liderazgo no es solo un trabajo o una profesión; es el desbordamiento de una vida dedicada a Dios y al servicio a los demás con el fin de alcanzar metas dignas. Se trata de una oportunidad que Dios da para edificar vidas y organizaciones que pueden marcar la diferencia en muchas vidas y, por tanto, en el mundo. El influyente columnista Walter Lippmann dijo que la prueba final de los líderes es dejar "la convicción y la voluntad para seguir" en otras personas. Incluso los aspectos cotidianos de liderazgo, como las decisiones prácticas que tomamos sobre cómo utilizar el tiempo y el dinero, pueden verse como formas de ayudar a otros a desarrollar todo su potencial, ya que dichas decisiones son un modelo para los demás acerca de nuestra visión de la eternidad y de los valores que rigen nuestras vidas.

Dag Hammarskjold, ex secretario general de las Naciones Unidas, escribió en su libro *Markings* [Marcas en el camino]: "Su posición no le da derecho a mandar. Solo le impone el deber de vivir de forma que otros puedan recibir sus órdenes sin ser humillados".[2]

Medite en esta afirmación.

12

Éxito (parte 1)

He encontrado imágenes que me han ayudado a entender mejor lo que llamamos "liderazgo" a lo largo de la Biblia. Debemos tener cuidado de no convertir las parábolas y metáforas en alegorías, y así, olvidar el mensaje principal de cada imagen. No estarían en la Biblia si no tuvieran mensajes importantes para nosotros. Vamos a estudiar algunas.

José, cuyos vástagos se extienden sobre el muro (Gn. 49:22-26)

El Señor dedicó treinta años para preparar a José y dirigirlo providencialmente hacia Egipto, donde se convirtió en el segundo al mando del reino más poderoso de aquel tiempo. De esta forma, encontramos a un hombre hebreo joven, casado con una gentil y que tenía autoridad sobre los gentiles,

¿para qué? Para proteger a los hijos de Israel, y así llevar las bendiciones de Dios a todo el mundo. Sesenta y seis personas de la familia de Jacob fueron a Egipto y se unieron a José y a su familia, setenta israelitas en total. Sin embargo, casi dos millones de israelitas fueron liberados de la esclavitud y salieron de allí hacia la tierra prometida, después de cuatro siglos.

En su lecho de muerte, el anciano Jacob habló sobre José. Lea atentamente el texto y trate de ver las imágenes:

> Rama fructífera es José, rama fructífera junto a una fuente, cuyos vástagos se extienden sobre el muro. Le causaron amargura, le asaetearon, y le aborrecieron los arqueros; mas su arco se mantuvo poderoso, y los brazos de sus manos se fortalecieron por las manos del Fuerte de Jacob (por el nombre del Pastor, la Roca de Israel), por el Dios de tu padre, el cual te ayudará, por el Dios Omnipotente, el cual te bendecirá con bendiciones de los cielos de arriba, con bendiciones del abismo que está abajo, con bendiciones de los pechos y del vientre. Las bendiciones de tu padre fueron mayores que las bendiciones de mis progenitores; hasta el término de los collados eternos serán sobre la cabeza de José, y sobre la frente del que fue apartado de entre sus hermanos (Gn. 49:22-26).

El hogar de Jacob era como un campo de batalla, diez de sus hijos (no se incluye a Benjamín) le disparaban saetas a José. Tirar saetas es una imagen de proferir palabras duras y decir mentiras (Sal. 57:4; 64:3-4; Pr. 26:18-19). José dijo la verdad sobre sus hermanos, por lo que tomaron represalias y le hablaron de mala manera a él y hablaron mal de él. José tuvo la tarea de ir primero a Egipto, antes que su familia, para protegerla y proveerle, lo cual daría la oportunidad a Israel de ser una gran nación (Sal. 105:17; Gn. 12:2). Al igual que una rama fructífera, José se extendió "sobre el muro" que separaba a hebreos y gentiles. Lo llevaron a Egipto, donde trabajó, sufrió y, al final, fue exaltado. Debido a su autoridad real, pudo tratar a sus hermanos cuando llegaron a Egipto en busca de alimentos y, después, Dios los llevó al momento del arrepentimiento.

Cuando Jacob habló de José, utilizó las palabras "bendecir" o "bendición" en seis ocasiones. Esas bendiciones provenían del Fuerte de Jacob, el Pastor, la Roca, el Dios de su padre, el Omnipotente. ¡El Dios de Jacob es un gran Dios! Habría bendiciones de los cielos arriba (sol y lluvia), de debajo de la tierra (agua y minerales) y sobre la tierra (la descendencia de los seres humanos y los animales). Dios separó a José de sus hermanos (v. 26) para que pudieran reconciliarse y se convirtieran en una gran nación. Si algún personaje en la Biblia ilustra la providencia divina y soberana, y las bendiciones del liderazgo según Dios, ése es José.

¿Qué nos enseña José sobre el liderazgo? Una verdad evidente es que el camino hacia el liderazgo no es fácil y que el Señor puede hacernos pasar a través de batallas, malentendidos, e incluso sufrimiento físico antes de poner una corona sobre nuestra cabeza (Sal. 105:17-22). La preparación para el liderazgo nos exige primero estar bajo autoridad, aprender a esperar a que Dios obre y, por último, darle toda la gloria a Él. A veces, las batallas más grandes se libran en nuestro propio territorio.

Convertirse en un líder puede implicar "extenderse sobre el muro" y separarse de personas que amamos entrañablemente o recibir crítica de su parte. Como José, más de un siervo del Señor ha sido llamado a dejar el camino tradicional para cumplir su voluntad. Recuerdo cuando tuve que extenderme sobre el muro y entrar a un campo de ministerio más amplio que me exigía estar en mejor comunión con Dios con el fin de obedecerle, y un pastor amigo me dijo: "Siento mucho ver que estás dejando el ministerio", pero no "dejé el ministerio". Por el contrario, entré a un ministerio más amplio y más difícil que me ayudó a prepararme para oportunidades incluso más desafiantes.

Cada experiencia difícil nos ayuda a conocer mejor al Señor: al Dios poderoso que nos da fuerzas, al Pastor que nos guía, a la Roca que nos protege, al Dios de nuestros padres que cumple sus promesas del pacto, al Todopoderoso, el cual es suficiente para satisfacer todas las necesidades. Nos fijamos en el trabajo que tenemos al frente y nos preguntamos: "Y para estas cosas, ¿quién es suficiente?" (2 Co. 2:16). ¿La respuesta? "No que seamos competentes por nosotros mismos para pensar nada como de nosotros mismos, sino que nuestra competencia proviene de Dios, el cual asimismo nos hizo ministros competentes de un nuevo pacto" (2 Co. 3:5-6).

"Pero no debemos olvidar que su poder se perfecciona en nuestra debilidad. Su suficiencia es más evidente en nuestra insuficiencia; su plenitud, en nuestro vacío que se llena para que fluyan ríos de agua viva desde nosotros a una humanidad sedienta y necesitada",[1] escribió el maestro de la Biblia Nathan Stone.

No fabricamos las bendiciones; Dios nos las concede en su gracia y amor. No tomamos represalias cuando otros se oponen, incluso los más cercanos; en cambio, lo dejamos en las manos del Señor. Creemos en Romanos 8:28 y confiamos en que obrará en su tiempo con el fin de que todo sea para nuestro bien y para su gloria. "Pues tengo por cierto que las aflicciones del tiempo presente no son comparables con la gloria venidera que en nosotros ha de manifestarse" (Ro. 8:18).

La historia revela que cuando los ministerios

cristianos comienzan a ser simples imitaciones de otros, Dios llama a hombres y mujeres que ha preparado durante años para "extenderse sobre el muro" y traer nuevas bendiciones para la Iglesia. Pienso en J. Hudson Taylor en China y Amy Carmichael en India; en D. L. Moody y Billy Graham en el evangelismo; en J. Irvin Overholtzer en el evangelismo infantil, en Percy Crawford en el evangelismo juvenil y en Hadley Sam y Mel Trotter en el ministerio a las personas sin hogar. Todos se atrevieron a extenderse sobre el muro y algunos del pueblo de Dios los atacaron. Sin embargo, Él los usó para hacer grandes cosas para su gloria. Cuando el joven Charles Spurgeon comenzó a predicar en un estilo popular para la gente común y corriente, muchos trataron de cambiarlo, pero él saltó por encima del muro y Dios lo usó para llegar a las masas. Incluso hoy les sigue llegando.

Parece que Dios disfruta al usar a los "inconformistas" que no tienen miedo de ser diferentes.

Moisés, Aarón y la vara que floreció (Nm. 16–17)

Los líderes exitosos deben esperar la oposición de personas controladoras que quieren manejarlo todo. Si alguna vez uno o dos miembros de la junta, unos cuantos empleados o algunos miembros de la iglesia han atacado su liderazgo sin razón, imagínese a Moisés y Aarón ante 250 "varones de renombre" en la comunidad (Nm. 16:1-3). ¡Era una gran oposición! Si hubieran pedido que se hiciera una votación, los habrían echado a patadas, pero como dijo el líder de la reforma Juan Knox: "Un hombre con Dios siempre es la mayoría". El Señor dijo: "Haré cesar de delante de mí las quejas de los hijos de Israel", y lo hizo (Nm. 17:1-5).

Moisés no usó su vara poderosa para enfrentar a los rebeldes (véase Éx. 4; 7; 8; 14), sino las varas de los líderes. La prueba fue muy simple: Moisés puso las varas, junto con la de Aarón, en el tabernáculo ante el Señor, él sabía que Dios iba a identificar al líder que había escogido. Cuando la prueba terminó, la vara de Aarón era diferente de las otras porque produjo vida, belleza y fruto; las mismas bendiciones que esperamos de los líderes que Dios ha elegido. Antes que nada, Moisés y Aarón eran sus siervos, no empleados de la nación que se habían nombrado a sí mismos. Los otros líderes tenían autoridad en sus respectivos campos, pero no sobre toda la nación de Israel. El arca del pacto era el trono de Dios en el campamento y, Jehová, la autoridad final. Dios dirige por decretos ejecutivos, no por consenso. Por esta razón, es peligroso cuestionar su voluntad o desafiar sus órdenes. Nunca debemos negociar la voluntad de Dios, sino escucharla y obedecerla.

Muchos líderes de hoy llevan carnés de identificación y tarjetas profesionales, pero muy pocos llevan varas hermosas y fructíferas que irradian vida. No esperamos que Dios haga ese tipo de milagros para autenticar nuestras credenciales, pero sí queremos que unja y bendiga a sus líderes. A. W. Tozer dijo: "Antes de seguir a cualquier hombre, debemos ver si tiene la unción en la frente". En tiempos del Antiguo Testamento, los profetas, los sacerdotes y los reyes de Dios se ungían con aceite que simboliza la presencia y el poder del Espíritu Santo; hoy, los líderes que Dios elige deben tener ese mismo poder espiritual. Jesús les mandó a sus discípulos: "Quedaos vosotros en la ciudad de Jerusalén, hasta que seáis investidos de poder desde lo alto" (Lc. 24:49). Durante casi tres años habían estado aprendiendo la verdad de Dios, e incluso predicando y haciendo milagros, pero no podrían servir al Señor con éxito sin el poder del Espíritu. Esperaron y Él vino, los capacitó y los fortaleció. Sus varas mostraron que tenían vida, belleza y fruto.

Todos los líderes tribales de la nación de Israel tenían varas, pero solo una tenía vida, la de Aarón. El liderazgo tiene que ver con la vida y no solo con reuniones, planes e informes. Todas las varas que se colocaron en el tabernáculo estaban cerca del propiciatorio, pero solo la vara de Aarón reveló vida, belleza y fruto. El Señor no descartó el ministerio de los otros líderes; solo les recordó que no debían ir más allá de su propio llamado, sino que debían ser fieles al hacer su propio trabajo. "No tenga más alto concepto de sí mismo que el que deber tener, sino que piense de sí con cordura, conforme a la medida de fe que Dios repartió a cada uno" (Ro. 12:3). "Más cuando ya fui hombre, dejé lo que era de niño" (1 Co. 13:11), escribió el apóstol Pablo. Cada líder debe dar ese paso.

A veces, cuando Dios quiere dar nuevos líderes, los hace madurar en el horno de la aflicción.

Por lo general, a los niños les gusta parecer importantes y disfrutar de ser el centro de atención. Su palabra clave no es "nuestro", sino "mío". Sin embargo, las personas maduras hablan menos y escuchan más; piden menos y dan más, y lo hacen todo para la gloria de Dios.

La fertilidad de la vara de Aarón nos recuerda las palabras de nuestro Señor en Juan 15:4: "Como el pámpano no puede llevar fruto por sí mismo, si no permanece en la vid, así tampoco vosotros, si no permanecéis en mí". Donde hay vida, hay crecimiento, y donde hay crecimiento, habrá frutos. Los líderes no solo son fructíferos, sino que su estilo de liderazgo estimula a otros a dar fruto. Con la ayuda del Señor, crean un "ambiente de maduración" en la comunidad, una atmósfera que lleva a otros a dar lo mejor de sí mismos y a producir frutos duraderos que honran al Señor.

El rey David, resplandor después de la lluvia (2 S. 23:1-7)

Por lo general, al pensar en David, pensamos en un pastor que fue la imagen de un líder espiritual en las Escrituras (1 P. 5:1-4) o de un líder civil (véase Ez. 34). La palabra "pastor" viene de una raíz latina que significa "cuidar y guiar". Se puede arrear ganado vacuno, pero es necesario guiar a las ovejas. Cuando David desobedeció al Señor y levantó un censo, Él castigó a la nación y mató a setenta mil personas. El rey le rogó a Dios: "Yo (el pastor) pequé, yo hice la maldad; ¿qué hicieron estas ovejas?" (2 S. 24:17). David veía a su pueblo como un rebaño y se sintió muy conmovido por sus dolores y tristezas. El Señor lo escogió para que fuera el pastor de su pueblo (Sal. 78:70-72) y demostró ser fiel, al igual que el Hijo de David, el cual dijo: "Yo soy el buen pastor" (Jn. 10:11, 14). Hablaremos acerca de esto más adelante.

Las últimas palabras de David se registraron en 2 Samuel 23:1-7 y no hablan sobre pastorear, aunque mencionan a los pastos en el versículo 4 ("la lluvia que hace brotar la hierba de la tierra"). Pero al recordar que David se convirtió en rey después del reinado de Saúl, las imágenes de este pasaje cobran sentido. No importa cuán incompetente o incluso malvado haya sido el líder anterior, el nuevo debe señalar el comienzo de un nuevo día. Las "últimas palabras" de David sobre el liderazgo describen la llegada del líder elegido por Dios como el sol después de la lluvia. Trajo una lluvia cargada de vida que nutrió la vegetación de la tierra, no una tormenta destructiva (véase Is. 25:4).

En Tierra Santa, donde no hay riego, la tierra es estéril hasta que llegan las primeras lluvias; después, casi de la noche a la mañana, la tierra se llena de vida y belleza. Los líderes piadosos son así.

La canción de David nos recuerda que los líderes deben ser como el sol y la lluvia, ambos tan necesarios para que la tierra sea fecunda. Salomón nos dice que el líder será como el sol, la lluvia y el rocío para bendición de la tierra (Sal. 72:5-6). También escribió: "El gobernante que oprime a los pobres es como violenta lluvia que arrasa la cosecha" (Pr. 28:3, NVI) y, al escribir eso, pudo haber pensado en el reinado de Saúl. Salomón dijo: "Un león rugiente, un oso hambriento, es el gobernante malvado que oprime a los pobres" (Pr. 28:15). Recordemos que David mató a un león y a un oso para proteger el rebaño de su padre (1 S. 17:34-37) y cuando se convirtió en rey, reemplazó a un hombre cuyo reinado fue tan opresivo como los ataques de los leones y los osos.

En los tiempos antiguos, los gobernantes en Medio Oriente eran a menudo tiranos y déspotas. Lea el libro de Ester y vea cómo Jerjes gobernó su reino. Los gobernantes se distinguían por su orgullo (Dn. 4:28-37; Hch. 12:19-24) y su ira (Dn. 3), así como su falta de voluntad para escuchar a los demás, sobre todo a Jehová Dios. Al igual que el faraón, preguntaban: "¿Quién es Jehová, para que yo oiga su voz?" (Éx. 5:2). El rey Saúl comenzó como un líder muy bueno, pero cuanto más se apartó del Señor y más odió a David, peor le fue; y no era fácil vivir bajo su gobierno. De hecho, el liderazgo de David dio paso a un nuevo día, a la calma después de la tormenta.

Si a usted le toca ser el sucesor de un dictador egoísta como Saúl, preste atención al "canto del cisne" de David, el cual le ayudará a restaurar la paz, la armonía y la confianza. El verdadero líder que teme a Dios trae lluvia fructífera y no tormentas espantosas; pronto habrá un amanecer hermoso que anuncie que un nuevo día ha empezado. David sabía que estaba "sobre el pueblo", pero también bajo la autoridad de Dios (2 S. 23:3), un asunto que ya hemos tratado. Le sirvió a Dios Padre ("el Dios de Jacob", v. 1), fue ungido por el Espíritu de Dios (v. 2) y exaltó a Dios Hijo, la Roca (v. 3). David conocía la historia de su pueblo, por lo que estaba preparado para hacer frente a los problemas y para hacer planes sabios para el futuro. Tuvo que enfrentar a hombres malos, incluso en su propia familia (v. 6), pero confiaba en que Dios cumpliría sus promesas del pacto y, por medio de su familia, traería al Mesías al mundo (v. 5; Lc. 1:26-38). David y su familia podrían fallar, pero las promesas del pacto de Dios nunca fallan (2 S. 7:1-17).

13

Éxito (parte 2)

Vamos a revisar otras imágenes del liderazgo exitoso.

David y un vaso de agua fría (2 S. 23:13-17)

Este suceso ocurrió entre el tiempo en que David huía de Saúl y poco después de ser proclamado rey en Hebrón, cuando los filisteos atacaron y tomaron Belén (2 S. 5:17; 1 Cr. 14:8). Sucedió durante la calurosa temporada de cosecha y David, tal vez por nostalgia, deseaba beber agua fresca del pozo que estaba en la casa de su infancia. Él no dio una orden, sino que se limitó a decir: "¡Quién me diera a beber del agua del pozo de Belén que está junto a la puerta!" (v. 15). Tres de sus guerreros más valientes escucharon sus palabras y arriesgaron sus vidas para conseguirla, pero David no la bebió, sino que la derramó como una ofrenda ante el Señor y dijo:

"¿He de beber yo la sangre de los varones que fueron con peligro de sus vidas?" (v. 17).

Este hecho dice mucho acerca de David como líder. En primer lugar, sus hombres lo amaban y querían agradarlo, hasta arriesgar sus propias vidas. También, estaban lo bastante cerca de él como para escuchar las palabras que susurraba. ¿Es así nuestra relación con Jesús? "Por tanto procuramos también, o ausentes o presentes, serle agradables", escribió Pablo (2 Co. 5:9). Juan escribió: "Porque guardamos sus mandamientos y hacemos las cosas que son agradables delante de él" (1 Jn. 3:22). Una cosa es obedecer a un comandante cuando da una orden, pero obedecerle cuando expresa un deseo en voz baja es muestra de una relación mucho más profunda.

David no bebió el agua. Si lo hubiera hecho, le habría quitado valor a la acción heroica que realizaron aquellos tres valientes. Para el rey, el agua simbolizaba la sangre de estos hombres, por esta razón, la derramó delante de Dios como una ofrenda de libación. Me pregunto si Pablo pensaba en esa acción de amor cuando escribió: "Y aunque sea derramado en libación sobre el sacrificio y servicio de vuestra fe, me gozo y regocijo con todos vosotros" (Fil. 2:17, cp. 2 Ti. 4:6).

Los verdaderos líderes nunca les piden a otros que hagan lo que ellos mismos no están dispuestos a hacer.

Los líderes son personas que aman y aprecian a sus compañeros, y respetan el trabajo y los sacrificios que hacen. *Guiamos* al rebaño, no lo *manejamos* y eso implica que el pastor es el primero en responder ante las dificultades y peligros. Animamos a nuestros compañeros de trabajo *y nunca los explotamos.*

Sin importar qué tuviera David en la mano, lo utilizó para glorificar a Dios y servirles a los demás: una honda, una espada, una lanza, un arpa e incluso, un vaso de agua fría. El liderazgo se basa en el carácter, y éste se revela en las cosas pequeñas, así como en las grandes. Jesús les prometió una recompensa a quienes dan un vaso de agua fresca a uno de sus discípulos (Mt. 10:42), pero también hay recompensa para quienes no beben de esa agua, sino que se la ofrecen al Señor en un acto de adoración.

Mayordomos del rey (Is. 22:15-25)

Este pasaje presenta seis imágenes que nos enseñan acerca del liderazgo: el mayordomo, el balón, el padre, la llave, el clavo y el trono.

Sebna era un mayordomo del rey Ezequías y el segundo al mando en palacio. Era un hombre egoísta y mentiroso que utilizó su posición para conseguir todo lo que podía para sí mismo: algunos carros reales (v. 18), un traje elegante (v. 21) y una elaborada tumba excavada en la roca (v. 16). Sebna tipifica a los líderes que viven para sí mismos y hacen lo que quieren, a expensas de los demás. Su confianza está en ellos mismos y en lo que el mundo ofrece.

Sin embargo, igual que los ejecutivos de hoy que tienen una mentalidad mundana, Sebna ignoraba que el juicio estaba cerca. El rey Ezequías lo bajó de categoría: lo designó como secretario de la corte y puso a Eliaquim en su lugar. Sebna tuvo que renunciar a su vestuario oficial, a sus carros y a su tumba costosa porque Dios lo arrojó como un balón a otro país, donde murió y fue enterrado sin que nadie llorara por él, sin honores ni lamentos. Los líderes de nuestra sociedad son administradores, aunque no siempre usamos esa palabra, y un día tendrán que rendir cuentas de su gestión. Serán castigados si no han sido fieles. Sebna también perdió su gran llave de madera, símbolo de su alta posición en el palacio. Ya no abriría más las puertas.

Eliaquim es un modelo de mayordomo fiel y obediente, y representa a nuestro Señor Jesucristo, el cual tiene la llave de la casa de David (Isaías 22:22), "El que abre y ninguno cierra, y cierra y ninguno abre" (Ap. 3:7). Los líderes son personas con autoridad y deben ser fieles al usar las llaves para abrir las puertas correctas, no para satisfacer sus propios deseos. Jesús es el "hombre llave" en el Reino; sin Él nada podemos hacer (Jn. 15:5). Podemos preguntarnos por qué algunas puertas se abren y otras se cierran, pero nuestro Señor tiene la llave y la usa sabiamente (Hch. 16:6-10). Puedo mirar a mi propio ministerio en retrospectiva y dar gracias por algunas de las puertas que permanecieron cerradas, aunque yo quería que el Señor las abriera; y porque Él abrió algunas en el momento oportuno aunque pensé que estarían cerradas.

Como líderes no solo somos administradores, sino también "padres" (v. 21). "Así como también sabéis de qué modo, como el padre a sus hijos, exhortábamos y consolábamos a cada uno de vosotros, y os encargábamos que anduvieseis como es digno de Dios, que os llamó a su reino y gloria" (1 Ts. 2:11-12). Aunque este concepto puede llevarse a los extremos, en un sentido, un equipo "es una familia y a veces, hay que 'ser padre'". Me impresiona ver que en el libro *Secretos del liderazgo de Billy Graham*, escrito por Harold Myra y Marshall Shelley,[1] el capítulo final se llama "Liderazgo con amor". De acuerdo con 1 Corintios 13, si no tenemos amor, no tenemos nada, y el amor nunca falla.

Una quinta imagen es el clavo (Is. 22:23-25). Las personas solían poner un clavo en el palo de la tienda principal para colgar vasos; en los palacios, lo clavaban en la pared. Liderar implica aceptar responsabilidades y llevar cargas, y aunque algunas se pueden compartir con los demás (Gá. 6:2), los líderes tienen unas especiales que no pueden compartir (Gá. 6:5). El presidente Harry

Truman solía decir: "Si no puede soportar el calor de la cocina, salga de ahí". Respecto a la imagen del clavo, podríamos parafrasear al presidente Truman y decir: "Si no puede soportar el peso, salga del palacio". Es bueno saber que el Señor conoce nuestras cargas, nos ayuda a llevarlas y a realizar el trabajo (Sal. 55:22; 68:19; 1 P. 5:7).

La última imagen es el trono (Is. 22:23): "Y será [Eliaquim] por asiento [trono] de honra a la casa de su padre". El propósito de nuestra mayordomía no es honrarnos a nosotros mismos, sino glorificar al Señor, y lo logramos siendo fieles. Debido al carácter y a la posición de Eliaquim, fue como un trono, un lugar de honor para su familia. El asiento no le hizo pertenecer a la realeza; más bien, él lo convirtió en un trono.

En los últimos años, hemos leído noticias sobre las "ventajas" y los regalos de jubilación extravagantes y caros que han recibido algunos directores ejecutivos de empresas, y nos hemos quedado atónitos. Nos preguntamos qué hicieron para merecerlos. En la vida cristiana, no obtenemos nuestra recompensa dos veces. Si buscamos recompensa de las personas aquí y ahora, y la recibimos, el Señor no lo va a hacer cuando lleguemos al cielo (Mt. 6:1-4). Es mucho mejor que hagamos nuestro trabajo hoy porque amamos al Señor Jesús y dejemos que Él se ocupe de las recompensas más adelante, porque siempre nos da mucho más de lo que merecemos.

La roca y el río (Is. 32:1-2)

El profeta describe el futuro reino mesiánico, cuando el Señor reinará junto con su pueblo.

> He aquí que para justicia reinará un rey, y príncipes presidirán en juicio. Y será aquel varón como escondedero contra el viento, y como refugio contra el turbión; como arroyos de aguas en tierra de sequedad, como sombra de gran peñasco en tierra calurosa (Is. 32:1-2).

Isaías inició su libro profético señalando la injusticia de la nación judía y de sus gobernantes. "Príncipes de Sodoma, oíd la palabra de Jehová; escuchad la ley de nuestro Dios, pueblo de Gomorra", les dijo al rey y a los príncipes que le permitían al pueblo adorar a ídolos y desobedecer la ley de Dios abiertamente (Is. 1:10). Israel era un país injusto, dirigido por líderes injustos y su día de juicio se acercaba. Pero el profeta miró hacia el futuro y vio el día en que el Rey perfecto de Dios establecería su reino. Isaac Watts encontró esta misma verdad en el Salmo 72 y lo expresó en un gran himno:

> Jesús reinará doquiera el sol
> Hace su recorrido diario,
> Su reino se extenderá de costa a costa,
> Hasta que la luna deja de crecer y menguar.

El reinado de nuestro Señor también incluirá a sus siervos fieles, cuyas vidas, ministerios y martirios los llevaron a ganar sus coronas (véase Mt. 19:27-30; 2 Ti. 2:12; Ap. 5:10; 20:6). Como las personas ignoraron y violaron la ley en el tiempo de Isaías, los pobres y necesitados no tenían quien les ayudara a hacer justicia; sin embargo, eso no va a pasar cuando Jesús reine porque lo hará "Sobre el trono de David y sobre su reino, disponiéndolo y confirmándolo en juicio y justicia" (Is. 9:7). Creo que el Señor está buscando hoy líderes que se puedan comparar con rocas y ríos.

Las primeras son muy resistentes y cambian lentamente; los segundos están en continuo cambio. La frase "tan débil como el agua" es cierta, excepto cuando hay inundaciones y tsunamis, pues grandes cantidades de agua pueden ser muy destructivas cuando se mueven. Los líderes deben saber cuándo mantenerse firmes y rechazar el cambio, y cuándo adaptarse y permitir el cambio. No es cuestión de transigir, simplemente se trata de sentido común y sabiduría. Si hay muchas rocas en el río, éste puede convertirse en un pantano.

Las grandes rocas se aprecian en Tierra Santa porque dan sombra para el calor del sol y protegen de tormentas fuertes. Al mismo tiempo, el río tiene el ministerio de suministrarle agua refrescante al viajero sediento. Los líderes deben ser ríos y rocas que dan y protegen, personas que proporcionan alivio en medio de las luchas y refugio en las tormentas de la vida. Si siempre son como rocas, es probable que la organización no avance mucho; si siempre son como ríos que cambian con frecuencia y siguen el camino más fácil, la organización experimentará confusión y, probablemente, el fracaso.

Nuestro trabajo sería mucho más fácil si todos nuestros compañeros fueran equilibrados. Sin embargo, el líder sabio entiende que algunas personas son como rocas y siempre lo van a ser, mientras que otras son como ríos, "van con la corriente" y tal vez ninguno cambie. El líder prudente y sensato escucha a las rocas y a los ríos, y les recuerda a todos que es valioso ver todos los lados de un problema o de una oportunidad. El obstruccionista santificado que dice: "Mientras esté en esta junta, no habrá unanimidad de votos", debe encontrar el equilibrio o marcharse porque ése no es el camino de la sabiduría. Es triste cuando un miembro del equipo confunde la terquedad con la convicción o la novedad con el progreso. Sin embargo, son cosas que los líderes deben manejar con paciencia y oración porque la mayoría de estas diferencias se pueden resolver.

14

Disponibilidad

¿Qué hay en la tercera generación que parece tener las semillas de la destrucción?

Mi esposa y yo vimos cómo tres almacenes grandes y excelentes desaparecieron como empresas cuando la tercera generación de la familia se hizo cargo. Más de una iglesia sufrió la misma suerte cuando los nietos de los fundadores se convirtieron en líderes. Algunos de mis amigos dicen que cuando la tercera generación se hace cargo de una granja, a menudo surge una nueva parcela. Veo que hay muchos factores implícitos en esas operaciones complejas, pero también existe la posibilidad de que "lo que viene fácil, se va fácil" juegue un papel importante, junto con la decadencia de la tradición familiar. Encontramos este mismo fenómeno en la historia de Israel.

Y el pueblo había servido a Jehová todo el tiempo de Josué, y todo el tiempo de los ancianos que sobrevivieron a Josué, los cuales habían visto todas las grandes obras de Jehová, que él había hecho por Israel. Y toda aquella generación también fue reunida a sus padres. Y se levantó después de ellos otra generación que no conocía a Jehová, ni la obra que él había hecho por Israel. Después los hijos de Israel hicieron lo malo ante los ojos de Jehová, y sirvieron a los baales (Jue. 2:7, 10-11).

¿Cuál fue la causa de la apostasía nacional? Pudo ser que la segunda generación no le enseñó a la tercera a amar y a servir a Jehová, o si le enseñó, la tercera se negó a aceptar la verdad de Dios y se volvió hacia los ídolos de sus vecinos. "En esos días [de los jueces] no había rey en Israel; cada uno hacía lo que bien le parecía" (Jue. 17:6; 21:25). La "generación del yo" había triunfado. La tercera no había visto las grandes obras de Dios y no creyó lo que sus mayores contaron.

El apóstol Pablo estaba muy preocupado por el futuro de las iglesias que había fundado porque sabía que todas estaban a una generación de extinguirse (lo mismo sucede con cualquier ministerio cristiano). Por eso, le escribió a Timoteo: "Lo que has oído de mí ante muchos testigos, esto encarga a hombres fieles que sean idóneos para enseñar también a otros" (2 Ti. 2:2). Que un negocio falle o una parcela se subdivida es una cosa, pero que el pueblo de Dios falle en su adoración y testimonio es otra muy diferente. Al igual que la Iglesia de hoy, Israel tenía algunas tareas importantes que cumplir y no podía tener éxito si no preparaba a creyentes fieles en cada generación.

Uno de los fracasos más grandes del liderazgo en Israel se produjo poco después de la muerte del rey Salomón, cuando su hijo Roboam subió al trono. Sin importar cuánta sabiduría y riqueza tuvo su padre, fue un mal ejemplo para su hijo y no lo preparó para reinar. David rescató y estableció el reino, Salomón hizo que el reino fuera rico y famoso, pero Roboam lo dividió y lo debilitó política y espiritualmente con su insensatez. Él era la tercera generación. El historiador escribió: "[Roboam] hizo lo malo, porque no dispuso su corazón para buscar a Jehová" (2 Cr. 12:14). La NVI dice: "Pero Roboán actuó mal, porque no tuvo el firme propósito de buscar al Señor". Pablo escribió: "Sed imitadores de mí, así como yo de Cristo" (1 Co. 11:1).

Si no estamos dispuestos a buscar al Señor, no estamos preparados para ser líderes que Él use. ¿Por qué alguien va a querer seguirnos, si no seguimos al Señor?

Roboam no estaba preparado para dirigir a la nación. Salomón falló al prepararlo para ser el próximo rey porque él mismo no estaba obedeciendo a Dios. "El fracaso de Salomón es sin duda la tragedia más terrible en todo el mundo",[1] dijo el predicador escocés Alexander Whyte. Salomón mantuvo la paz durante su reinado pero no por ganar batallas, como hizo David, sino por cortejar mujeres y casarse con las hijas de los reyes paganos. Aquí está el registro oficial:

> Pero el rey Salomón amó, además de la hija de Faraón, a muchas mujeres extranjeras; a las de Moab, a las de Amón, a las de Edom, a las de Sidón, y a las heteas; gentes de las cuales Jehová había dicho a los hijos de Israel: No os llegaréis a ellas, ni ellas se llegarán a vosotros; porque ciertamente harán inclinar vuestros corazones tras sus dioses. A éstas, pues, se juntó Salomón con amor. Y tuvo setecientas mujeres reinas y trescientas concubinas; y sus mujeres desviaron su corazón. Y cuando Salomón era ya viejo, sus mujeres inclinaron su corazón tras dioses ajenos, y su corazón no era perfecto con Jehová su Dios, como el corazón de su padre David (1 R. 11:1-4).

Por supuesto, esto violaba la ley de Deuteronomio 17:14-17. "Sin embargo, el reino llegó a ser inmensamente rico y famoso gracias a Salomón", podría decir alguien. Es cierto, pero el rey y el reino se hicieron cada vez más idólatras. "El gusano secreto estaba royendo todo el tiempo el cetro real sobre el cual se apoyaba Salomón",[2] dijo Alexander Whyte. La riqueza de la nación, la paz y la fama era una capa muy delgada que ocultaba la podredumbre de la idolatría que, al final, arruinó al reino. Salomón fue talentoso para multiplicar (esposas, caballos y riqueza) pero su hijo fue talentoso para dividir. Ambos fueron destructores.

Salomón escribió en Eclesiastés 2:18-19: "Asimismo aborrecí todo mi trabajo que había hecho debajo del sol, el cual tendré que dejar a otro que vendrá después de mí. Y ¿quién sabe si será sabio o necio...?". Gracias a la desobediencia y al abandono de Salomón, su hijo resultó ser un necio, las matemáticas de su moral fueron lamentables. El triste relato se encuentra en 1 Reyes 12.

En lugar de escuchar la sabiduría de los ancianos que tenían experiencia, Roboam siguió el consejo de los políticos jóvenes y orgullosos de su propia generación. Se convirtió en un tirano en lugar de aliviar la carga, y no fue siervo de su pueblo. Con el fin de mantener su costoso estilo de vida, Salomón había decretado impuestos altos sobre los israelitas y los "castigó con azotes" (1 R. 12:11); pero Roboam prometió castigarlos con escorpiones. No es de extrañar que el reino se dividiera. Judá y Benjamín se quedaron con Roboam, pero las diez tribus del norte siguieron su propio camino y formaron el reino de Israel.

Con base en los errores de Roboam, vamos a identificar algunos principios del liderazgo.

- *Los líderes deben aprender del pasado.* En la introducción a su *Filosofía de la historia universal*, Hegel escribió: "La experiencia y la historia nos enseñan que los pueblos y los gobiernos nunca aprenden nada de la historia ni actúan basándose en principios deducibles de ella". En otras palabras, lo único que hemos aprendido de la historia es que *no aprendemos* de ésta. Me pregunto qué hacía Roboam mientras su padre sembraba las semillas del fracaso y se escondía tras una fachada de prosperidad. ¿Obedeció el joven príncipe Deuteronomio 17:18-20 y escribió su propio ejemplar de la Ley de Dios para estudiarla? Sin duda, pudo haber dedicado tiempo a leer los salmos de su abuelo e incluso, los proverbios de su padre. Los consejeros de mayor edad podrían haberle compartido algunas lecciones del pasado si hubiera sido humilde para escucharlos.
- *Los líderes deben entender los tiempos actuales y conocer las necesidades de su pueblo.* ¿Alguna vez atendió Roboam a las

personas y supo cuáles eran sus quejas legítimas? Por cierto, su nombre significa "Él engrandece al pueblo" pero, para Roboam, el pueblo no era para "engrandecer", sino para "usarlo y abusar de él". Después que David amplió el reino, trató de enriquecerlo espiritualmente; Salomón comenzó su reinado con esa misma actitud cariñosa, pero Roboam la abandonó por completo. El Señor Jesús, con lo ocupado que vivía, dedicó tiempo para escuchar a las personas que se le acercaban. Compartió sus cargas porque era un pastor que cuidaba a las ovejas. Si Roboam hubiera sentido las cargas y las heridas de las personas, habría sabido qué hacer. Pero "no oyó el rey al pueblo" (1 R. 12:15).

- *Los líderes deben dedicarse al estudio de la Palabra de Dios.* El pasaje clave es Deuteronomio 17:14-20, le recomiendo que lo lea y reflexione. Roboam se habría beneficiado especialmente de la declaración del versículo 20: para que el rey "[no se crea] superior a sus hermanos" (NVI). Él necesitaba recordar también la advertencia que Dios le hizo a Josué: "Solamente esfuérzate y sé muy valiente, para cuidar de hacer conforme a toda la ley que mi siervo Moisés te mandó... para que seas prosperado en todas las cosas que emprendas. Nunca se apartará de tu boca este libro de la ley, sino que de día y de noche meditarás en él, para que guardes y hagas conforme a todo lo que en él está escrito; porque entonces harás prosperar tu camino, y todo te saldrá bien" (Jos. 1:7-8). La idea de Roboam sobre la prosperidad y el éxito no tenía nada que ver con agradarle a Dios o ayudar a las personas, solo se centró en sí mismo.

Leemos las Escrituras para aprender más acerca de las obras de Dios y obtener una evaluación precisa de los hechos del pasado, de las victorias y de las derrotas. El doctor. A. T. Pierson solía decir: "La historia es *Su* historia" y tenía razón. "Más estas cosas sucedieron como ejemplos para nosotros, para que no codiciemos cosas malas, como ellos codiciaron" (1 Co. 10:6). Una vez, le pregunté a una empleada de una librería en Florida sobre un libro de la Guerra Civil en Estados Unidos y me preguntó: "¿De qué lado?". Al meditar en su pregunta, señaló los estantes y me dijo: "Aquí tenemos el punto de vista del norte; aquí, el del sur, y esta otra es neutral. La Biblia no está escrita como una biografía de campaña militar o un panfleto político. Nos dice la verdad y nos advierte que no debemos seguir los malos ejemplos. Sí, los historiadores seculares tienen diferentes puntos de vista sobre acontecimientos y personas importantes, pero eso no les sucedió a quienes escribieron las Escrituras, a pesar de ser instrumentos humanos, "hablaron siendo inspirados por el Espíritu Santo" (2 P. 1:21).

El reinado de David fue como la lluvia suave que refresca y vivifica (2 S. 23:1-4); pero el reinado de Roboam, como lluvia torrencial que arruina las cosechas (Pr. 28:3). No estuvo dispuesto a servir al pueblo. Igual que su padre Salomón, esperaba que le sirvieran. Además, su madre fue una amonita (1 R. 14:31; cp. Dt. 23:3) y su padre adoró dioses y diosas paganos (1 R. 11:1-13). Roboam pudo haber tomado mejores decisiones porque sabía que era mejor no seguir malos ejemplos, pero eligió ser egoísta y orgulloso. Tuvo la posibilidad de limpiar el reino de los ídolos y llamar al pueblo a adorar solo a Jehová, el Dios de Israel, pero tomó decisiones malas y equivocadas. ¿Los resultados? Lea 1 Reyes 14:21—15:8.

15

Oración

Puede que en el capítulo anterior haya dado la impresión de que los líderes siempre deben consultar antes de tomar decisiones, pero es evidente que el consenso no es garantía de conocer la voluntad de Dios. Sí, debemos escuchar a los demás, siempre y cuando sean sabios y experimentados, conozcan a Dios y quieran lo mejor de Él para nosotros. Tienen que ser líderes y no animadores (hinchas). Sin embargo, los diez espías incrédulos en Cades (Nm. 13—14) y los líderes de la nave que llevaba a Pablo a Roma (Hch. 27:9-26) son prueba de que la mayoría no siempre tiene la razón. Las personas citan: "Donde no hay dirección sabia, caerá el pueblo; mas en la multitud de consejeros hay seguridad" (Pr. 11:14) o "Porque con ingenio harás la guerra, y en la multitud de consejeros está la victoria"

(Pr. 24:6), pero estos versículos no cuentan toda la historia.

Al hacer la guerra, un general necesita muchos asesores. Hay tantos aspectos de la guerra, que ninguna persona sola puede captar todo el panorama. Incluso en una pequeña empresa o en una iglesia local, los líderes deben mantenerse en contacto con la "realidad viva". De lo contrario, trabajarán sobre ilusiones o habladurías. Dios puede utilizar al diálogo sincero, la oración, e incluso los desacuerdos en amor (véase Hch. 15) para dar orientación, *pero el líder es quien debe tomar la decisión final.* El Presidente Harry Truman tenía una placa sobre su escritorio que decía: "La pelota se detiene aquí". No importa cuántos consejeros pueda consultar un líder, es él quien pesa las posibilidades y marca el camino. No podemos "pasarles la responsabilidad" a otros y culparlos si cometemos un error.

Esto significa que los líderes deben tener tiempos de soledad, sin interrupciones, en los que puedan pensar y orar, escudriñar las Escrituras, reflexionar sobre los problemas y estudiar los factores que influyen en la toma de decisiones sabias, lo cual nos lleva a Éxodo 33:7-11:

Y Moisés tomó el tabernáculo, y lo levantó lejos, fuera del campamento, y lo llamó el Tabernáculo de Reunión. Y cualquiera que buscaba a Jehová, salía al tabernáculo de

reunión que estaba fuera del campamento...
Cuando Moisés entraba en el tabernáculo,
la columna de nube descendía y se ponía a
la puerta del tabernáculo, y Jehová hablaba
con Moisés... Y hablaba Jehová a Moisés
cara a cara, como habla cualquiera a su
compañero.

Esa tienda no era el tabernáculo, porque éste
aún no se había construido y estaba ubicado en el
centro del campamento; era una tienda de campaña privada donde Moisés podía encontrarse
con Dios sin interrupciones. Otros podían ir allí
y recibir consejo, pero era principalmente para el
beneficio de Moisés. Allí, conversaba con Dios
como con un amigo y entendía mejor su corazón
y su mente, así como sus propias necesidades. Él
le había prometido ayudarle y Moisés se valió de
esa promesa.

La parte más importante de nuestra vida es
la que solo ve Dios. Dondequiera que Abraham
fuera, no solo plantaba su tienda, sino que cons-
truía un altar para adorar a Dios (Gn. 12:7-8;
13:18). David, incluso cuando se escondió en una
cueva, la convirtió en un lugar santísimo y adoró
al Señor (Sal. 57, el título). Durante una parte
de su viaje a Jerusalén, el apóstol Pablo caminó
desde Troas a Asón, unos 32 kilómetros, probablemente para tener tiempo a solas, pensar y
orar mientras pensaba en su marcha a Jerusalén

(Hch. 20:13-14). Jesús se levantaba temprano en la mañana a pasar tiempo a solas con el Padre (Mr. 1:35-39; ver Is. 50:4-5.). Los líderes pueden decaer y su trabajo puede disminuir si están más preocupados por impresionar a las personas que por agradar a Dios. Prestar más atención a los comunicados de prensa que a las Escrituras y no escuchar los consejos de aquellos que aman a Dios y nos aman, lleva al fracaso.

Cuando estamos tan ocupados que no tenemos tiempo para el Maestro, estamos demasiado ocupados.

"¿No has podido velar una hora? Velad y orad para que no entréis en tentación" (Mr. 14:37-38). Entrevistas con obreros cristianos que han "dejado la Biblia", nos indican que el descuido de la oración privada y la meditación en las Escrituras marca el inicio del declive de su desarrollo espiritual. Pareciera que alguien "cayó en pecado", pero la caída fue precedida probablemente por una disminución gradual; Jeremías usó la palabra "rebelión" ("infidelidad", dice la NVI) (Jer. 2:19; 3:22).

Pero el profeta no solo nos advierte sobre el pecado de rebelión (infidelidad), también nos presenta la promesa de Dios: "Sanaré vuestras rebeliones (infidelidad)" (Jer. 3:22). El verbo "sanar" sugiere que la rebelión (infidelidad) es como una enfermedad: se inicia en secreto, causa una decadencia gradual y provoca un fallo repentino. Se producen molestias, dolor, pérdida de apetito *y puede hacer que la víctima sea contagiosa e infecte a otros.* Generalmente, los cristianos que están alerta se dan cuenta de cuándo está débil su apetito espiritual, cuándo han ignorado sus disciplinas espirituales y su energía espiritual está baja. Son síntomas que les indican que deben ir al Gran Médico para su curación.

Jeremías también nos advierte acerca de un diagnóstico apresurado e incompleto, y peor aún, de un tratamiento superficial. "Y curan la herida de mi pueblo con liviandad, diciendo: Paz, paz; y no hay paz" (Jer. 6:14; 8:11; cp. Ez. 13:10). El Señor examina nuestro corazón y mente con profundidad, y no permite que le mintamos (Sal. 139:23-24), aunque podemos tratar de mentirnos a nosotros mismos (1 Jn. 1:5-10). Supe de una paciente cuyo médico le mostró las placas de rayos X y le explicó que necesitaba una operación con urgencia. Ella le respondió: "¿No puede retocarlas?".

Dios promete que nos curará si nos acercamos con humildad a Él, confesamos la verdad de nuestros pecados y creemos con confianza que "He aquí nosotros venimos a ti, porque tú eres Jehová nuestro Dios" (Jer. 3:22).

16

Voluntad de Dios

El libro de Bruce Barton, *The Man Nobody Knows: A Discovery of the Real Jesus* [El hombre que nadie conoce: El descubrimiento del Jesús verdadero],[1] publicado en Estados Unidos por primera vez en 1924, fue probablemente uno de los primeros intentos de convertir a Jesús en un director general moderno. El autor usó las palabras de nuestro Señor en Lucas 2:49: "¿No sabíais que en los negocios de mi Padre me es necesario estar?",[2] ¡y al instante, el niño Jesús se convirtió en un empresario de éxito! Tituló el capítulo uno: "El ejecutivo". y el capítulo seis: "El fundador de la empresa moderna". Recientemente, se han publicado varios libros sobre gestión empresarial que presentan a Jesús como un director general. Uno de ellos presenta 85 paralelos entre Jesús y un empresario exitoso de hoy.

Déjeme decirle claramente que no veo a Jesús en el papel de un director general.

Sin duda, nuestro Señor era un líder eficaz y ejemplar, y cuando buscó discípulos, muchos estuvieron dispuestos a seguirle (Mt. 4:19; 8:22; 9:9). Formó a sus discípulos con habilidad, utilizó sus recursos de manera prudente y realizó su trabajo a la perfección. Pero me es difícil compararlo con un director general contemporáneo. Por un lado, nunca cometió un error o tuvo que decir: "Lo siento, por favor, perdóneme", como la mayoría de nosotros hemos hecho más de una vez. Nunca malinterpretó a las personas porque sabía exactamente lo que había en sus corazones (Jn. 2:24-25). Ejercía una autoridad absoluta sobre la creación, incluso el clima (no sé de ningún director general que tenga alguna de estas habilidades). Nadie llamó a Jesús "jefe" porque su título era "Señor", *y todavía lo es.* Cuando Pedro trató de darle un consejo a Jesús, Él lo reprendió (Mt. 16:21-23) porque no dirige por consenso. Sabía lo que estaba haciendo y nunca cometió un error.

Además, Jesús vivió y murió para establecer su Iglesia, no para dirigir una empresa, ni siquiera insinuó que ésta fuera un negocio. En su tiempo, el templo judío se había convertido en un centro de "negocio religioso" y por esta razón, tuvo que desalojar a los cambistas y a los vendedores ambulantes dos veces. Contó parábolas relacionadas con negocios y dinero, pero nunca sugirió que la Iglesia debía medir su éxito según el informe del tesorero o la cifra de los asistentes según los ujieres. "No tengo plata ni oro", dijo Pedro (Hch. 3:6), tampoco tenía ventajas ni beneficios adicionales. Ni Jesús ni sus apóstoles vieron a las personas como clientes, sino como a ovejas que tenían gran necesidad de un pastor. Jesús prometió estar, aunque solo dos o tres se reunieran para adorar (Mt. 18:20). Ahí no hay muchas cabezas que contar.

"Procuren hacer lo bueno delante de todos" (Ro. 12:17, NVI) nos ordena tener prácticas de negocios excelentes. "De corazón haciendo la voluntad de Dios" (Ef. 6:6) nos exhorta a tener motivos correctos para todo lo que hacemos. "Porque nuestra exhortación no procedió de error ni de impureza, ni fue por engaño" (1 Ts. 2:3).

Según Santiago 3:13-18, hay dos tipos de sabiduría: la que proviene de Dios y la de este mundo. En 1 Corintios 1:18-31 leemos que la segunda es una amenaza para el pensamiento cristiano y hay que manejarla con mucho cuidado, como el veneno en un laboratorio, para no permitir que se introduzca en nuestro sistema. El hecho de que algo "funcione" para el mundo no quiere decir que sea correcto para el pueblo de Dios. *Si los cristianos han de marcar una diferencia en este mundo, deben dejar de pensar como éste y de imitarlo. La planificación y el servicio correctos comienzan con un pensamiento correcto, el cual proviene de la sabiduría de Dios.*

La mente y el corazón de Jesús estaban llenos de la sabiduría de Dios porque conocía su Palabra, ya que el Espíritu Santo se la enseñó; los líderes religiosos de su tiempo eran incrédulos, estaban espiritualmente ciegos y no podían entender lo que Jesús enseñaba o hacía. Juan 7 registra un claro ejemplo, así que, por favor, haga una pausa para leer el capítulo entero. Descubrirá una serie de contrastes entre el pensamiento de Jesús y el de sus medio hermanos[3] no convertidos, quienes pensaban como todo el mundo. El capítulo presenta varios fundamentos del liderazgo, representados en lo que nuestro Señor dijo e hizo.

El tiempo de Dios (Jn. 7:1-13)

El tiempo es un bien muy valioso para los líderes y los seguidores porque ofrece muchas oportunidades para crecer, servir a los demás y lograr objetivos. Por lo general, hablamos de tres tiempos: "pasado, presente y futuro" pero es un orden equivocado. El tiempo fluye del futuro al presente y sigue al pasado, y lo hace con rapidez. No podemos recuperar el tiempo pasado, aunque lo recordemos, leamos al respecto y escuchemos a las personas hablar de él. No estamos seguros de cuánto tiempo futuro nos queda, por lo que es peligroso estar demasiado confiado. Ralph W. Sockman dijo: "El tiempo es el depósito que cada uno de nosotros tiene en el banco de Dios y nadie sabe lo que queda".

"¿Qué es vuestra vida? Ciertamente es neblina que se aparece por un poco de tiempo, y luego se desvanece. En lugar de lo cual deberías decir: Si el Señor quiere, viviremos y haremos esto o aquello" (Stg. 4:14-15), dijo el apóstol. El líder sabio le da gracias a Dios por cada nuevo día y lo aprovecha de la mejor forma posible, como buen administrador. "Mirad, pues con diligencia como andéis, no como necios sino como sabios, aprovechando bien el tiempo, porque los días son malos. Por tanto, no seáis insensatos, sino entendidos de cuál sea la voluntad del Señor" (Ef. 5:15-17). Hacer la voluntad divina nos librará de perder el don precioso del tiempo que Dios nos da. Incluso Henry David Thoreau, el cual dejó la iglesia de Concord, escribió en el capítulo uno de *Walden*: "Como si se pudiera matar el tiempo sin herir la eternidad".

La mayoría de las personas utilizan calendarios, relojes, recursos y dispositivos electrónicos para mantener horarios precisos, pero el tiempo en la vida de los creyentes es diferente al tiempo en la vida de los no creyentes, según Jesús. Les dijo a sus hermanos que no creían: "Mi tiempo aún no ha llegado, mas vuestro tiempo siempre está presto" (Jn. 7:6). Los hijos de Dios viven conforme al calendario divino con el propósito de cumplir la voluntad del Señor y hacer las "obras buenas, las cuales Dios preparó de antemano para que anduviésemos en ellas" (Ef. 2:10). Nuestras decisiones, metas, derrotas y demoras están en la mano del Padre porque nuestros tiempos están en sus manos (Sal. 31:15). Personalmente, no me gustan las demoras y no disfruto cuando me hacen esperar; pero más de una vez, la demora ha demostrado ser una bendición de parte de Dios.

Al servir al Señor en el poder del Espíritu Santo, convertimos el tiempo precioso en la moneda de la eternidad, sabiendo que se reunirá de nuevo ante el trono de Dios. El tiempo perdido no solo significa pérdida de oportunidades, sino también de recompensas en la eternidad. "Es precisamente debido a la eternidad fuera del tiempo que todo en éste se vuelve valioso, importante y significativo. Todo lo que hacemos aquí… debería estar justamente relacionado con lo que somos en la eternidad", escribió Dorothy Sayers. No nos sorprende que Moisés orara: "Enséñanos de tal modo a contar nuestros días, que traigamos al corazón sabiduría" (Sal. 90:12). Si no hubiera eternidad, el tiempo perdería su valor.

Jesús recibió órdenes todos los días al reunirse con el Padre, orar y meditar en las Escrituras. "Despertará mañana tras mañana, despertará mi oído para que oiga como los sabios. Jehová el Señor me abrió el oído" (Is. 50:4-5, cp. Mr. 1:35). Jesús vivió en el calendario ordenado por su Padre, por lo que podemos rastrearlo en el Evangelio de Juan (2:4; 7:6, 8, 30; 8:20; 12:23; 13:1; 16:32; 17:1). Les dijo a sus hermanos: "Mi tiempo aún no ha llegado, mas vuestro tiempo siempre está presto" (7:6), una acusación contra los no salvos: "¡Ya llegará el momento!". Las personas perdidas hacen planes sin tratar de seguir los designios divinos, así que lo que hacen con su tiempo y dinero tiene poca o ninguna relación con el Señor. "Porque Jehová conoce el camino de los justos; mas la senda de los malos perecerá" (Sal. 1:6). El buen liderazgo implica reconocer que le servimos al Dios eterno y que todo lo que hacemos según su voluntad tiene valor eterno.

La Palabra de Dios (Jn. 7:14–17)

Hablaba con un compañero de trabajo acerca de nuestro horario y, me avergüenza decirlo, me quejaba en voz baja de la forma en que nos interrumpían las personas con buenas intenciones porque nos pedían cosas imposibles y, con frecuencia, perdíamos tiempo precioso. Estuvo de acuerdo conmigo y luego añadió en voz baja: "Pero siempre hay tiempo para la voluntad de Dios".

Cuando veamos que se nos está acabando el tiempo, es posible que nos demos cuenta que nos dedicamos a correr delante de Dios y no a ser santos. Esperar en el Señor es tan importante como el trabajo para Él. "Los muchachos se fatigan y se cansan, los jóvenes flaquean y caen; pero los que esperan a Jehová tendrán nuevas fuerzas; levantarán alas como las águilas; correrán, y no se cansarán; caminarán, y no se fatigarán" (Is. 40:30-31).

Jesús fue a la fiesta de los Tabernáculos en

Jerusalén, en el momento oportuno, porque sabía por la voluntad del Padre que estaba a salvo de quienes querían matarlo. Cuando las personas escuchaban su enseñanza, admiraban su conocimiento sobre la verdad espiritual porque sabían que nunca había estudiado en una escuela de rabinos ni le había enseñado un gran maestro. Los apóstoles vivieron lo mismo porque los líderes religiosos judíos sabían "que eran hombres sin letras [Pedro y Juan] y del vulgo" (Hch. 4:13). Jesús llamó a pescadores para ser sus seguidores, no a rabinos entendidos.

Esto no desacredita la formación bíblica ni la educación teológica formal. Jesús les enseñó a los apóstoles, los capacitó para su trabajo personalmente y aún lo hace hoy (He. 13:20-21). Sin embargo, no importa cuántos predicadores y maestros escuchemos o cuántos libros de texto estudiemos, lo importante es que seamos "enseñados por Dios", no por el "hombre". Si el Espíritu no escribe la verdad en nuestros corazones, ésta nunca controlará nuestras vidas. El Santo Espíritu les enseña a quienes son enseñables y *están dispuestos a obedecer lo que Dios les dice que deben hacer.*

La forma en que respondemos a la Palabra de Dios día a día determina si vamos a conocer la voluntad de Dios o no.

El predicador británico F. W. Robertson dijo que la obediencia es la clave para el conocimiento espiritual, por lo cual citó Juan 7:17: "El que quiera hacer la voluntad de Dios, conocerá si la doctrina es de Dios, o si yo hablo por mi propia cuenta". En la NVI leemos: "El que esté dispuesto a hacer la voluntad de Dios reconocerá si mi enseñanza proviene de Dios". La voluntad de Dios no es una comida tipo buffet donde escogemos lo que más nos gusta. Él organiza los alimentos sobre la mesa y espera que aceptemos todo y que lo disfrutemos. Si estamos dispuestos a obedecerle, el Padre está dispuesto a revelarnos sus planes; si solo estamos evaluando las posibilidades y posponemos nuestra decisión, Él no va a colaborar.

"La guía de Dios es clara cuando somos sinceros", dijo F. W. Robertson. El predicador chino Watchman Nee compartía esta idea: "El conocimiento de la voluntad de Dios no es tanto una cuestión de encontrar el método correcto como de ser el hombre adecuado". Volvemos a hacer énfasis en el carácter cristiano: las personas que solo juegan con la voluntad de Dios, ponen en peligro su futuro y corren el riesgo de perderse el gran privilegio y el gozo de servir a Dios en el lugar correcto. Los líderes deben tener "En la ley de Jehová... su delicia, y en su ley meditar de día y de noche" (Sal. 1:2). Eso significa aplicar la verdad de Dios en sus vidas, en cada situación y decisión. Cuando empezamos a hacer excepciones, nos desviamos, y los rodeos tienen su precio.

No puedo concebir un líder que ignora la Biblia y no busca la dirección de Dios cada día y durante todo el día. Cuando suena el teléfono, leemos el correo y los memorandos del departamento, cuando alguien quiere vernos, cuando la crisis aparece de repente, debemos levantar nuestros corazones en oración a Dios y buscar su dirección de inmediato. Nehemías siempre ha sido mi modelo: cuando supervisó la restauración de la ciudad de Jerusalén, que estaba en ruinas, con frecuencia oraba al Señor en busca de la ayuda que necesitaba y Él nunca le falló. Si seguimos su ejemplo, Dios nunca nos abandonará.

La gloria de Dios (Jn. 7:18-36)

Al terminar el recorrido por la catedral de San Pablo, la guía nos preguntó si teníamos alguna pregunta, y mi esposa dijo: "¿Por qué se construyó la catedral?". Era una buena pregunta porque San Pablo es una amalgama compleja de mausoleos, un museo, obras maestras de arquitectura, una sala de conciertos, una galería de arte y un centro de adoración. "¿Por qué se construyó?", repitió la guía. "Para la gloria de Dios", respondió. No habíamos oído nada acerca de Él durante el recorrido, pero creímos en su palabra, pues conocía la historia británica mejor que nosotros.

El liderazgo exitoso no es para la gloria del

líder o de la organización, sino para la gloria del Señor, y si prevalece otro motivo, Él no dará su bendición. "Yo Jehová; este es mi nombre; y a otro no daré mi gloria, ni mi alabanza a esculturas" (Is. 42:8). Es fácil para un líder convertirse en un ídolo, o que la propia organización se convierta en un ídolo para los líderes. El "complejo de Cornelio" está vigente y las personas se inclinan ante los "grandes líderes" como si se tratara del Señor mismo. "Cuando Pedro entró, salió Cornelio a recibirle, y postrándose a sus pies, adoró. Mas Pedro le levantó, diciendo: Levántate, pues yo mismo también soy hombre" (Hch. 10:25-26). Cada líder debe decirse a sí mismo al comienzo de cada día: "Yo también soy hombre".

"El que habla por su propia cuenta, su propia gloria busca; pero el que busca la gloria del que le envió, éste es verdadero, y no hay en él injusticia" (Jn. 7:18), dijo Jesús. Aunque sabía que Dios le había enviado y que solo quería glorificar al Padre, Jesús tuvo la valentía de declarar la verdad, incluso cuando los líderes religiosos se le opusieron, y algunos querían matarlo.

Cuando jugamos a ser Dios, Él tiene maneras de recordarnos que somos barro. Pensemos en algunos reyes que se exaltaron a sí mismos y Dios los humilló: Uzías (2 Cr. 26:16), Ezequías (2 Cr. 32:25), Nabucodonosor (Dn. 4), Belsasar (Dn. 5) y Herodes (Hch 12:19-24). Pedro se jactó de que nunca negaría a Jesús, sino que daría su vida por

Él, pero en pocas horas, lloraba porque lo había negado tres veces. "¡Ay de los sabios en sus propios ojos, y de los que son prudentes delante de sí mismos!" (Is. 5:21). "Dios resiste a los soberbios, y da gracia a los humildes. Humillaos, pues, bajo la poderosa mano de Dios, para que él os exalte cuando fuere tiempo" (1 P. 5:5-6).

"No juzguéis según las apariencias, sino juzgad con justo juicio" (Jn. 7:24), advirtió Jesús. Cuando juzgamos por las apariencias, lo hacemos por vista y no por fe en la Palabra de Dios. El mundo real no es lo que vemos a nuestro alrededor o lo que nos muestran los medios de comunicación; es lo que describe la Biblia. Las personas pueden decir: "Tan cierto como el mundo", pero las Escrituras dicen que "el mundo pasa" (1 Jn. 2:17). Nos dicen que vivimos en un "mundo civilizado"; sin embargo, la Palabra de Dios lo llama un "mundo oscuro" (Ef. 6:12) y nos encamina a Jesús porque es "la luz del mundo" (Jn. 8:12). Debemos recordar lo que Dios le dijo al profeta Samuel: "Jehová no mira lo que mira el hombre; pues el hombre mira lo que está delante de sus ojos, pero Jehová mira el corazón" (1 S. 16:7).

Daniel Boorstin, ex bibliotecario del Congreso, escribió en la introducción a su perspicaz libro *The Image* [La imagen]: "Los estadounidenses sufrimos principalmente, no de nuestros vicios o debilidades, sino de nuestras ilusiones. Estamos obsesionados, no con la realidad, sino con las imágenes que hemos puesto en lugar de la realidad".[4] Lo que dice sobre el pueblo estadounidense puede decirse de todas las personas que están expuestas a los medios de comunicación modernos, cuyos contenidos se exportan en su mayoría desde Estados Unidos.

A menudo, la transformación de las personas de éxito en ídolos se basa en "simples apariencias" y no en la verdad. Dios está buscando siervos transparentes, no personas que jueguen a ser actores famosos. Desea siervos que le glorifiquen, no que se promocionen a sí mismos. Si el Señor quiere hacer famoso a un líder, como lo hizo con Josué (Jos. 3:7), David (1 S. 18:6-8) o Pablo (Hch. 19:15), es su decisión porque el verdadero ascenso solo puede venir de Él (1 S. 2:7-8; Sal. 75:6-7). Si nos preocupamos por nuestro carácter, Él protegerá nuestra reputación. Después de todo, es el juez supremo.

El Espíritu de Dios (Jn. 7:37-44)

La fiesta judía de los Tabernáculos era una semana de gozosa celebración en la que los israelitas vivían en cabañas hechas de ramas para recordar que sus antepasados habían vivido en viviendas temporales durante su tiempo en el desierto. Los atrios del templo se iluminaban con candelabros grandes para recordarle al pueblo que la columna de fuego los había guiado; algunos sacerdotes llevaban agua desde el estanque de Siloé y la vertían en el templo cada día para recordar que Dios le dio el agua de la roca a Israel para sostenerlo en el desierto (Éx. 17:1-7).

En el séptimo día, el más importante de la fiesta, mientras el sacerdote derramaba el agua, Jesús le habló a la multitud y les ofreció el agua viva a todos los que acudieran y creyeran en Él. "Eso dijo del Espíritu", explica Juan en el versículo 39. En las Escrituras, el agua para beber es símbolo del Espíritu de Dios, y el agua para limpiarse simboliza la Palabra de Dios (Jn. 15:3; Ef. 5:26). La roca se refiere al Mesías, quien fue herido por nosotros, porque de no haber sido por su muerte, resurrección y ascensión, no podría haber enviado al Espíritu al mundo. Como creyentes, lo recibimos en la conversión y podemos tener experiencias repetidas de la plenitud del Espíritu Santo mientras servimos, pero no tenemos la autoridad de impartirlo a los demás, porque solo Jesús puede hacerlo.

Si queremos recibir la sabiduría de Dios, seguir su tiempo, entender su Palabra y darle gloria a su nombre, debemos tener la plenitud del Espíritu Santo. Como líderes cristianos, no podemos tener éxito a la manera de Dios a menos que el Espíritu nos ilumine y nos capacite en cada área de nuestra vida. ¿Le gustaría servir con un líder que no tiene amor, gozo, paz, paciencia, benignidad, bondad, fidelidad, mansedumbre y dominio propio? (cp. Gá. 5:22-23). No importa la capacitación y la experiencia que tengamos, si no tenemos el poder del Espíritu. "Nada podemos hacer" que agrade a Dios y glorifique a Jesús (Jn. 15:5).

"Haga lo que Dios le dice. No sirve de nada salir a correr antes de ser enviado, no tiene sentido tratar de hacer la obra del Señor sin su poder... No perdemos nada si esperamos hasta que obtengamos ese poder", dijo el evangelista D. L. Moody.

La providencia de Dios (Jn. 7:45-53)

Hemos hecho un recorrido completo, desde el tiempo de Dios a su providencia: todavía no era tiempo de que arrestaran a Jesús. El Señor no solo *ve* lo que está antes, sino que *planea* lo que sucederá. Él tiene un plan y hará que se cumpla todo para hacer su voluntad en el momento adecuado (Hch. 2:23, Ro. 8:28-29; 1 P. 1:2). Si Dios solamente viera los sucesos que nos esperan, pero no los determinara, entonces alguien más tendría control de éstos y por consiguiente, destronaría a Dios, lo cual es inaceptable. Tampoco quiere decir que sea el culpable de las malas obras de los pecadores; Él gobierna y prevalece en todos los asuntos del universo para hacer su voluntad maravillosa.

Tal vez una de las alegrías del cielo será tener el privilegio de mirar nuestras vidas en retrospectiva y ver *por qué* sucedieron las cosas, *cuándo* sucedieron y *qué* hizo el Señor a través de esos acontecimientos. Si así sucede, estoy seguro de que todos le daremos gracias y alabanza al Señor por entender su plan completo.

Quizás deberíamos empezar a ensayar hoy.

17

Gestión del cambio

Una de las actividades más serias del líder entregado es forjar el cambio, lo cual es especialmente cierto si la organización cuenta con un fundador ilustre que aún controla todo desde la tumba, o si la reputación de la organización oculta de la familia oficial y del público las grietas peligrosas que están apareciendo en su estructura. Así que pensemos en el cambio.

En su sabiduría, el Señor ha estructurado la vida humana por generaciones. Una más joven surge y recibe su formación de la anterior. La nueva examina y evalúa lo que le legaron, conserva algunas cosas, descarta otras y deja el resto en espera. Las cosas siguen adelante, para bien o para mal, pero no por mucho tiempo. Puesto que hay varias generaciones activas en un mismo momento en la sociedad, la crítica y el cambio parecen funcionar constantemente. Algunos de los cambios significan progreso; otros, el jurado todavía está deliberando, y algunos son muy peligrosos. Pero el cambio viene, estemos listos o no.

Una vez un estudiante frustrado dijo: "Me gustaría haber vivido en el mundo del Nuevo Testamento, cuando las cosas eran más sólidas y estables", pero estaba equivocado porque ese mundo era todo menos estable. "Esa fue una época de cambios y agitación, lo inesperado sucedió en repetidas ocasiones. Los sucesos sobrepasaron la teoría... Los hombres fueron obligados a cortar sus viejas amarras sin estar acostumbrados al nuevo orden. El hombre promedio se quedó perplejo ante la marcha rápida de la historia... Los sistemas que mantenían unidos a los hombres. . . se deshicieron",[1] escribió S. Angus en *The Enviroment of Early Christianity* [El entorno del naciente cristianismo]. Dicha descripción suena muy contemporánea porque vivimos en un mundo que cambia rápidamente.

Para conocer el punto de vista de la Biblia al respecto, lea Hebreos 12:25-27:

Mirad que no desechéis al que habla. Porque si no escaparon aquellos que desecharon al que los amonestaba en la tierra, mucho menos nosotros, si desecháremos al que amonesta desde los cielos. La voz del cual conmovió entonces la tierra, pero ahora ha prometido, diciendo: Aún una vez, y conmoveré no solamente la tierra, sino también el cielo. Y esta frase: Aún una vez, indica la remoción de las cosas movibles, como cosas hechas, para que queden las inconmovibles.

Dios mueve las cosas para que las personas sabias sean capaces de separar lo temporal de lo permanente, el andamiaje del edificio y, de esta manera, puedan edificar con base en cosas eternas que no pueden ser movidas.

Si el cambio es una parte normal de la vida humana, ¿por qué es tan preocupante hoy día? Por un lado, el cambio se produce tan rápidamente que pareciera que no nos queda tiempo para evaluar las cosas y decidir lo que queremos asimilar. Los medios de comunicación nos bombardean y la sociedad nos presiona para que nos "unamos al plan" y avancemos hacia el futuro. Si no dependemos de los nuevos dispositivos de comunicación electrónica y los conectamos a la información más reciente, pertenecemos a una civilización pasada que aún lee libros y escribe cartas a mano, ¡qué vergonzoso!

En un banquete, me senté al lado de un empresario conocido, un hombre cuyo nombre y tiendas eran famosas en todo el país. Hablamos sobre cierto predicador fallecido que le gustaba mucho y le dije que tenía una información sobre ese predicador que quizás le podría enviar. Cuando le pregunté su dirección postal, sacó de su bolsillo unas direcciones autoadhesivas (de esas que reciben gratis los donantes a las organizaciones de beneficencia). Arrancó una con mucho cuidado y me la entregó. Este hombre era un ídolo empresarial estadounidense, yo esperaba recibir una tarjeta profesional en relieve, pero supongo que su especie de mayordomía era otro paso para conseguir su primer millón; a él no le pareció ridículo, por lo que admiré su valor de ser él mismo. Sus tiendas eran modernas, pero sus hábitos personales eran austeros.

Otra razón por la que los cambios son una amenaza para muchos es porque hoy son profundos y radicales. No solo tocan la diversión y la moda, sino también los cimientos. Nuestra palabra "radical" viene de una palabra latina que se refiere a "raíces".

El cambio radical penetra en las raíces de la vida, lo cuestiona casi todo y ofrece muy pocas certezas.

Cuando estudiaba historia en la escuela secundaria y en la universidad, asumía que los líderes sobre los que leía decían lo que pensaban de verdad y sentían lo que decían; hoy día, no todo el mundo asume eso. ¿Fueron Washington y Lincoln patriotas verdaderos? ¿Jefferson dijo la verdad cuando escribió la Declaración de Independencia, o solo fue propaganda política? ¿La Constitución de Estados Unidos fue principalmente un escudo para proteger a los líderes coloniales ricos?

Hoy, el cambio no solo es rápido y radical, sino que los jóvenes producen la mayoría, en lugar de la habitual multitud de líderes experimentados. Antes, el cambio venía generalmente de "arriba hacia abajo"; hoy se produce con frecuencia de abajo hacia arriba. Los ciudadanos jóvenes se convirtieron en los transformadores de la sociedad después de la Segunda Guerra Mundial. Por un lado, había millones de ellos; también eran buenos clientes, fáciles de influenciar y con dinero extra en el bolsillo para gastar. Gracias a películas, revistas, moda y música de adolescentes, tenían el control, y los fabricantes y minoristas empezaron a prestarles atención. El resto es historia.

Llamé a un amigo para pedirle consejo y ayuda porque necesitaba resolver un problema de la computadora. Como no tenía su auto cerca, envió a su hija adolescente para que me ayudara. "Al fin y al cabo, sabe más de computadoras que yo", me aseguró. Llegó en bicicleta en seguida y no solo resolvió el problema en cinco minutos, sino que también arregló otra cosa que yo ni siquiera sabía que *era* un problema. ¿Cuántos tienen un "médico de computadoras" que hace visitas a domicilio? ¿Y tan joven?

—Ustedes los jóvenes han crecido con las computadoras y, sin duda, las entienden —comenté.

—Sí —dijo con una sonrisa pícara—. El Señor nos ha puesto aquí para ayudar a las personas mayores.

Se quedó como una hora aproximadamente y tuvimos una gran conversación muy alegre.

El filósofo obrero Eric Hoffer habló sobre el tema generacional en su libro *First Things, Last Things* [Primeras cosas, últimas cosas]: "La desaparición del presente es difícil para los adultos. Se devalúa su experiencia, habilidad y convicciones, y los reduce al nivel de los adolescentes".[2] Tendría que haber escrito: "Los reduce al nivel de los niños de primer grado" porque los adolescentes parecen saber qué pasa en el mundo de las comunicaciones electrónicas.

Hoffer también escribió: "La enfermedad de nuestra época es que los jóvenes están tan ocupados en enseñarnos que no tienen tiempo para aprender".[3] No creo que su afirmación sea tan cierta hoy como lo fue hace décadas. Muchos de los jóvenes que conozco parecen estar ansiosos por escuchar a los "veteranos" y por aprender sobre el pasado. Están dispuestos a leer los "clásicos" y discutirlos. No sé cuál sea la causa, pero me alegro que sea así.

No es fácil ser un agente de cambio, pero me parece que ayuda tener una actitud positiva al respecto, incluso si no estoy de acuerdo con todos los detalles. Cambiar por amor al cambio es superficial y no suele producir nada, solo novedad. Un logotipo, un eslogan o envases nuevos pueden generar un poco de emoción dentro de la organización y quizás algo de atención por parte de los consumidores, pero no dura mucho tiempo. Un banco de nuestra ciudad ha cambiado cuatro veces de nombre en los últimos 20 años, pero no ha cambiado mucho en su interior. En realidad, no hay nada malo en ponerle una cinta nueva a un sombrero viejo, a menos que la empresa necesite un sombrero nuevo o quizá una "cabeza" nueva que lleve el sombrero viejo.

18

Visión y división

La mayoría de las personas trabajan para algún tipo de organización, así que vamos a pensar en las organizaciones y en los líderes que deben inspirar y dirigir a las personas que trabajan en éstas.

La década de 1960 resultó ser una época terrible y desafiante. Hubo una gran influencia de aquellos que querían hacerse cargo o destruir casi todo lo que sus mayores habían construido con sacrificio. Sin embargo, esos jóvenes defensores no supieron cómo ordenar las cosas de nuevo después de lograr su cometido. El subtítulo del fascinante libro del profesor Gerard J. DeGroot *The Sixties Unplugged* [Los años desenchufados de 1960] lo expresa mejor: "Una historia de caleidoscopio de una década desordenada". El autor explica que utilizó la metáfora de un caleidoscopio porque "Casi todo lo que sucedió en la década de 1960 carecía de lógica coherente. Para comunicarlo, me he resistido a la tentación de imponer el orden".[1] Es una proeza valiente para un historiador profesional, pero supo manejarlo con habilidad.

Examine las galaxias que están sobre usted, el mundo natural a su alrededor y los sistemas que funcionan dentro de usted, y descubrirá orden. Los componentes de la creación están organizados, lo cual permite el desarrollo de las actividades y los descubrimientos de la ciencia moderna. De no ser por las leyes que el Creador estableció en la creación, nunca habríamos enviado astronautas a la luna ni habrían regresado. Los dictadores funcionan con gran éxito en tiempos de caos; los líderes gobiernan a personas libres con base en los fundamentos de la ley y el orden. El propósito de la ley y de los que protegen la ley es mantener el orden en la sociedad. Si es preciso hacer cambios, se hacen legalmente y con cuidado. Es difícil concebir la libertad sin el orden, y éste aparte de la ley.

Tenemos un Dios de orden, aun cuando lo que hace nos parece desordenado. Los dos primeros capítulos de la Biblia describen al Señor poniendo orden en el caos y los dos últimos capítulos lo describen haciendo todo nuevo, cuando termine el tiempo y entremos en la eternidad. El caos del que habla la Biblia, que se presenta entre estos dos grandes acontecimientos, es nuestra culpa, no la de Dios.

En el equipo ministerial de una de las iglesias que pastoreé, teníamos un hombre joven al que le gustaba recordarnos: "La iglesia es un organismo, no una organización". La primera vez que escuché esa declaración, me impresionó porque parecía inteligente, pero al pensar en profundidad, era evidente que tenía poco sentido y que era poco práctica. *Si un organismo no está organizado, ¡morirá!* Médicos, enfermeras y otros profesionales de la salud toman cursos de anatomía para entender la organización del cuerpo humano mejor, el cual es un organismo organizado. Cuando una parte del cuerpo se vuelve disfuncional, crea problemas y dolor en otras partes. Recuerdo muy bien la noche en que mi vesícula biliar me declaró la guerra, pensé que estaba sufriendo un ataque al corazón. El resultado fue una semana en el hospital que terminó en cirugía. Mi organismo se había desorganizado.

¿Qué es una organización? Esta definición no está inspirada, pero nos ayudará a empezar:

> *Instrumento humano que les permite a las personas trabajar juntas y de manera creativa para alcanzar metas específicas. Si el instrumento llegara a ser más importante que el cumplimiento de las metas, correría el peligro de convertirse en una institución cuya meta principal es la supervivencia.*

Dios puede decir la palabra, crear, y mantener un universo muy complejo y ordenado (Sal. 33:9); establecer y mantener una organización exitosa implica una gran cantidad de reflexión y actividad humana. Una organización es un instrumento *humano*, pero aunque los líderes busquen la voluntad de Dios y oren pidiendo su bendición, deben procurar tener por lo menos cinco elementos esenciales: visión, división, supervisión, provisión y revisión.

Visión

Recuerdo la angustia de los líderes de muchas organizaciones sin ánimo de lucro en la década de 1950 cuando trataron de escribir su "Declaración de visión". Los directores convocaron a los miembros de la junta y se pusieron a trabajar para expresar lo que se suponía que debía hacer la organización en una breve declaración. Es difícil creer que esos ministerios y empresas exitosos no sabían qué habían hecho durante décadas, cuando hombres y mujeres capaces los dirigieron e hicieron su trabajo bien. Era como si el Señor les hiciera la misma pregunta que le hizo al profeta: "¿Qué haces aquí, Elías?" (1 R. 19:9).

Puede que los fundadores y la primera generación de líderes de una organización no necesiten una declaración de visión formal, porque probablemente quienes son llamados la tienen escrita en sus corazones. *Sin embargo, cuando llegan las posteriores generaciones de dirigentes y obreros, necesitan información más específica.* Todo lo que una generación de líderes necesita para desviarse es jugar con la historia y olvidar lo que se supone que debe hacer la organización. Muchas empresas tienen una reunión anual en la que los líderes explican una vez más de dónde viene la organización, cuál es su razón de ser y su trabajo, y animan a todas las personas a entregarse a la visión de la empresa con entusiasmo.

La declaración de visión expresa la pasión y el propósito que impulsa a la organización con claridad y brevedad. Pedro y Juan sabían bien cuál era la declaración de visión de la naciente Iglesia: "Porque no podemos dejar de decir lo que hemos visto y oído" (Hch. 4:20). ¿Qué hacían los cristianos? Hablaban, no con pancartas ni protestaban contra el Sanedrín o los romanos, solo hablaban. ¿Sobre qué? Sobre lo que Jesús había dicho y hecho. Pedro pudo haber dicho que la Iglesia cuidaba a los pobres, a los necesitados y a los judíos que venían de muchos lugares a Jerusalén a celebrar las fiestas; pero esos ministerios, aunque eran importantes, eran el resultado de la predicación de los apóstoles. Pedro y Juan tenían una visión correcta: les dijeron a los demás lo que habían visto y oído acerca de Jesús. Hoy sigue siendo el gran trabajo del cristiano.

Helen Keller quedó ciega y sorda cuando tenía 18 meses. Aprendió a hablar y después fue capaz de leer en Braille a los diez años, con la ayuda de su maestra Anne Sullivan. Helen era una persona inspiradora que no se tenía lástima ni esperaba que otros la tuvieran por ella. Una vez dijo: "La persona más patética en el mundo es alguien tiene vista, pero no tiene visión".

"No tener visión" quiere decir que no hay un propósito definido en la vida, un motivo de peso que impulse a alguien a levantarse de la cama, estar ocupado y hacer algo significativo. "Me es necesario hacer las obras del que me envió", les dijo Jesús a sus discípulos, "La noche viene cuando nadie puede trabajar" (Jn. 9:4). Lo invisible se hace evidente y lo imposible se hace posible para la persona que tiene visión. Creo que fue Miguel Ángel quien, al comprar un bloque de mármol grande y sin forma, le dijo a un hombre: "¡Llévelo a mi taller! ¡Aquí hay un ángel y quiero dejarlo en libertad!". Miguel Ángel tenía visión.

La visión nos ayuda a seguir adelante cuando el trabajo es particularmente difícil.

"Pero estaré en Éfeso hasta Pentecostés porque se me ha abierto puerta grande y eficaz, y muchos son los adversarios" (1 Co. 16:8-9), escribió Pablo. Algunas personas interpretan la oposición como una señal del Señor para cambiar de actividad; la persona de fe y visión no lo ve así porque estos elementos le permiten ver las oportunidades y superar los obstáculos. Para el cristiano, la visión sin trabajo es hipocresía; y para cualquier obrero, el trabajo sin visión es algo monótono y agotador. La perspectiva general y las metas a futuro nos ayudan a manejar los detalles pequeños y los obstáculos desagradables.

La declaración de visión no trata las generalidades brillantes, sino las actividades y las metas específicas; no es un lema inteligente ni una muestra de propaganda elocuente. Estuve en un banquete donde el presidente de la universidad se reunió toda la tarde con la junta directiva para anunciar la nueva declaración de visión de la universidad, y fue esta: "Para ser la mejor universidad bíblica en el mundo". Era una noble aspiración, pero ¿cómo iban a medir el trabajo para saber si habían alcanzado tal nivel de excelencia? Tal vez deberían haber dicho: "La meta de nuestra universidad es formar a los estudiantes a nivel físico, intelectual, emocional y espiritual para que se disciplinen a sí mismos, descubran y desarrollen sus dones, y se dediquen al servicio del Señor y de su pueblo", eso les habría dado un objetivo manejable y una meta medible.

División

Por "división" me refiero a delegar las responsabilidades, y reunir las tareas, el talento, los deberes y las capacidades para que cada etapa del trabajo esté en manos de las personas más competentes. Esta responsabilidad recae principalmente en el administrador, no en el director general. Sin embargo, los líderes deben tener la certeza de que el administrador sabe qué hacer y que tiene autonomía para hacerlo bien.

Confiar en personas fieles que trabajan en cosas pequeñas para tener éxito en cosas mucho más grandes es un principio bíblico (Mt. 25:21). Fue la voluntad de Dios que José se convirtiera en el segundo al mando de la tierra de Egipto, pero tuvo que empezar sirviendo en casa de Potifar. Su excelente historial hizo que le ascendieran a mayordomo. David comenzó dándole terapia musical al atribulado rey Saúl; después, se convirtió en soldado, oficial y, finalmente, en rey de Israel. Nehemías tenía un puesto de honor como copero personal del rey, pero su preocupación por Jerusalén y su oración por la nación hicieron que le nombraran gobernador de la ciudad santa. Allí, sirvió a Dios y al pueblo judío mientras supervisaba la restauración de las murallas y de las puertas.

Las organizaciones se debilitan y hasta pueden destruirse porque los que se llaman líderes carecen de corazón, mente y voluntad para poner a las personas idóneas en los lugares correctos con el fin de hacer el trabajo correcto. Recuerdo una excelente escuela cuyo consejo de administración tomó una decisión imprudente en cuanto a la elección del presidente. El nombre del candidato era muy conocido (pero la notoriedad no es garantía de capacidad), así que no encajó y no duró mucho. Tiempo después, la junta directiva nombró como presidente a un alumno de la escuela, relativamente desconocido, cuya experiencia ministerial demostró que podía hacer el trabajo. Él rescató a la escuela. Pienso en dos casas editoriales que estaban al borde del colapso: una se salvó gracias al nombramiento del director adecuado; la otra, se hundió bajo la dirección del líder incorrecto. El doctor Lee Roberson tenía razón: "Todo sube y cae con el liderazgo".

Las personas capacitadas que trabajan en la oficina de recursos humanos tienen muchas herramientas para probar y evaluar a las personas, y debemos aprovecharlas. Sin embargo, los líderes que trabajan con hombres y mujeres en el equipo de la empresa deben saber cómo manejar bien los asuntos relacionados con el funcionamiento y el desarrollo de la misma.

En una ocasión, le pregunté a Ted Engstrom: "Cuando usted contrata o asciende a alguien, ¿qué es lo que más influye en su decisión?". Lo pensó un poco y me respondió: "Mis propios sentimientos viscerales". Pascal tenía razón cuando dijo: "El corazón tiene razones que la razón no conoce". El psiquiatra Carl Jung llama a ese tipo de intuición "La percepción por medio del inconsciente", el cual debe iluminarse y enriquecerse con la experiencia personal y la información precisa.

Así es como los verdaderos líderes producen otros líderes.

19

Supervisión, provisión y revisión

La *visión* reúne a la organización y ayuda a mantenerla unida, mientras que la *división* asegura que las personas idóneas trabajen en los puestos adecuados. El tercer elemento esencial es la *supervisión*, que sencillamente significa velar porque las personas correctas hagan el trabajo correcto de manera eficaz y cumplan las normas de la empresa.

Supervisión

A menos que exista una crisis grave, los directores generales y los miembros de la junta directiva no deben inmiscuirse en el funcionamiento diario ni deben participar en la gestión. Su trabajo consiste en definir la visión, determinar las normas y dirigir el progreso total de la operación; el trabajo de la gerencia es facilitar el trabajo de la manera más eficaz. No es malo que el personal directivo vaya de vez en cuando a las oficinas o a la planta, siempre y cuando no se malinterprete su presencia. Hay algunos directivos que son capaces de hacer una excelente "labor pastoral" entre los empleados, mientras que la presencia de otros hace sonar una alarma y pone nerviosas a las personas. Se preguntan: "¿Qué hace el jefe aquí?".

En resumen, los líderes eficaces se aseguran de que los obreros hagan las cosas correctas; los administradores eficaces se aseguran de hacer las cosas bien. Ambos son necesarios para el éxito de la empresa y para la felicidad de los empleados.

Se acostumbra seleccionar a los supervisores de entre los trabajadores de línea que conocen bien el oficio y pueden resolver la mayoría de las situaciones. Han estado en la empresa el tiempo suficiente como para entender los procedimientos y los problemas, y son capaces de animar e instruir a otros. No solo deben tener la paciencia necesaria para capacitar a nuevos obreros, sino también la percepción y el respeto por ser "amortiguadores creativos" entre los trabajadores nuevos y veteranos, así como entre los obreros de la línea de producción y la gerencia.

Mientras estudiaba en el seminario, trabajé como cronometrador en una sucursal de la empresa manufacturera Rockwell. Después de cruzar la puerta de entrada y marcar tarjeta, había un gran cartel que decía:

El valor de nuestros empleados se mide por la cantidad de la supervisión que requieren.

¡Eso lo dice todo! Si mi supervisor siempre tiene que dedicarme tiempo para explicarme lo que debo hacer y cómo debo hacerlo, y si él/ella deben corregir mis errores varias veces, le estoy costando a la empresa una gran cantidad de dinero y no me estoy ganando mi sueldo. Lo mejor que mi supervisor puede hacer por mí y por la empresa es encontrar el sitio que realmente me corresponde, donde puedo manejar el trabajo y demostrar que puedo hacerlo bien. Se gasta más dinero, se pierde más tiempo y se generan más problemas por trabajadores que están en puestos equivocados que por cualquier otra dificultad en la vida empresarial, y esto se aplica tanto a la gerencia como a los obreros de la línea de producción. La persona que no encaja en ninguna parte podría ser vicepresidente de la empresa, o ¡el mismo director general!

Diré unas palabras para aquellos que sirven en ministerios cristianos. Que un hombre sea un predicador eficaz o que una mujer sea una cantante muy espiritual y talentosa, no garantiza que vayan a tener éxito en el ministerio de administración. Por esa razón, el fundador de un ministerio puede ser un buen obstetra, pero un mal pediatra, incapaz de "criar" al niño que él/ella ha traído al mundo. A menudo, el fundador se convierte en un "obstruccionista santificado" y es incapaz de reconocer cuándo es el momento de tener un liderazgo nuevo. El "síndrome del fundador" ha paralizado y casi destruido a más de un ministerio. Bienaventurada la junta directiva que puede reconocer estas cosas y tiene el valor de enfrentarlas de forma creativa.

Provisión

Los obreros que se esfuerzan en su trabajo merecen una gerencia que les ofrezca lo mejor, no solo en cuanto a salarios y beneficios (Mt. 10:10; Lc. 10:7), sino respecto a formación, herramientas y tecnología. Los líderes necesitan un equipo humano que pueda ayudarles a mantener ciertas áreas fundamentales al día, personas que conozcan la diferencia entre las herramientas de negocios y los "juguetes" personales. Es difícil creer que cuando se desarrolló el teléfono, algunos "expertos" dijeron que era un juguete sin uso práctico. Un famoso físico británico declaró que la radio no tenía futuro, incluso Thomas Alva Edison dijo que la "locura de la radio" moriría en poco tiempo. A veces, la sabiduría de los sabios es necedad.

He tenido el privilegio de pastorear tres iglesias, formar parte de juntas directivas de varios ministerios cristianos y servir como miembro de dos ministerios paraeclesiásticos a nivel internacional. He aprendido algunas lecciones valiosas acerca de lo que implica levantar fondos para el ministerio. En nuestra primera iglesia, un fiel diácono solía recordarnos las palabras de J. Hudson Taylor: "Cuando la obra de Dios se realiza a la manera de Dios y para su gloria, no faltará su apoyo". ¡Amén y amén!

En Juventud para Cristo orábamos, esperábamos en el Señor y confiábamos en que proveería para las necesidades. Después, lo alabábamos por su bondad con alegría (y a veces, con lágrimas). Además de los habituales encuentros de oración internos, salíamos de la oficina cada mes, íbamos a una iglesia local y pasábamos horas viendo necesidades y oportunidades, y orando por la dirección y la provisión de Dios. En el ministerio "De vuelta a la Biblia", los obreros de cada departamento tenían momentos de oración en sus escritorios al comienzo y final de cada día de trabajo, y también teníamos largos períodos de oración con frecuencia. Nuestro fundador, Theodore Epp, decía que el ministerio "De vuelta a la Biblia" era una aventura de fe.

En nuestro primer pastorado, los expertos financieros que consultamos nos dijeron que era imposible construir el templo que tanto necesitábamos, pero dejaron fuera de su fórmula a Dios, y Él nos permitió hacerlo. Al igual que el autor de Hebreos 11:32, no tengo tiempo para relatar cómo el Señor respondió a las oraciones en nuestro segundo y tercer pastorado en la Iglesia Bautista del Calvario en Covington (Kentucky), a la orilla opuesta del río Ohio en Cincinnati, y la histórica Iglesia Moody en Chicago. Las dos congregaciones y sus equipos ministeriales creían en la oración. Me duele cuando escucho que las iglesias han dejado de hacer la reunión de oración semanal y la reunión antes del culto dominical. La publicidad parece haber reemplazado a la oración.

Cuando Jesús alimentó a los cinco mil (Jn. 6), satisfizo las necesidades del pueblo y, al mismo tiempo, les enseñó a sus discípulos algunas lecciones importantes sobre la fe. Por ejemplo, Felipe pensaba que el mayor problema era financiero, cuando en realidad era espiritual. Andrés encontró a un niño con un pequeño almuerzo que, obviamente, no podía alimentar a tantas personas, pero *Dios comienza con lo que tenemos y lo convierte en lo que necesitamos.* Jesús miró al Padre, le entregó todo lo que tenía y le pidió que lo bendijera. El resultado fue la satisfacción de las personas, la gloria al Padre y un excedente de pan para los discípulos. "Recoged los pedazos que sobraron, para que no se pierda nada", les dijo Jesús (Jn. 6:12), como buen administrador de las provisiones de la gracia de Dios. Vance Havner lo llamó "el Señor de las sobras".

"Pedid, y se os dará; buscad, y hallaréis; llamad, y se os abrirá", dijo Jesús (Lc. 11:9). Esta promesa de oración lo abarca todo. *Pedid* hace que la riqueza del Padre esté disponible, *buscad* nos lleva a su voluntad y *llamad* abre la puerta a su obra (en las Escrituras, una puerta abierta significa oportunidades de ministerio, cp. 1 Co. 16:9; Col. 4:3).

El Padre compartirá su riqueza
con nosotros si obedecemos su
voluntad para hacer su obra.

No tenemos derecho a esperar que Él apoye proyectos que ignoran su voluntad y que no tienen nada que ver con su obra. El Señor apoya las necesidades, no los lujos. Junto con la oración por puertas abiertas, se nos manda a orar por obreros (Mt. 9:38), sabiduría (Stg. 1:5) y finanzas (Fil. 4:18-20).

Si somos misioneros en tierra extranjera, administradores de una tienda de barrio o socios en una empresa multinacional, debemos saber que la oración es la forma que Dios estableció para hacer su voluntad en la tierra. Nuestra eficacia debe depender de la suficiencia del Señor porque no estamos a la altura del trabajo (2 Co.

2:16), pero Él puede darnos la competencia espiritual que necesitamos (2 Co. 3:5-6), también puede proporcionar recursos financieros suficientes (2 Co. 9:8-9) y la gracia necesaria para superar los obstáculos y hacer la obra (2 Co. 12:7-9).

Revisión

Una de las iglesias que pastoreé tenía esta excelente cláusula en sus estatutos: "Cada año, los ancianos deberán revisar la organización y los ministerios de la iglesia para hacer recomendaciones que lleven a los cambios necesarios". Muchas juntas directivas y organizaciones ni siquiera tienen la palabra "cambio" en su vocabulario, ¡pero esta iglesia la tenía en sus estatutos! En mi primer año como pastor, los ancianos presentaron varias recomendaciones en cuanto a la manera de trabajar y ahorrar dinero.

El talentoso expositor bíblico británico G. Campbell Morgan tenía como lema: "El mínimo de organización para el máximo de trabajo". Sin duda, la obesidad en las personas se ha convertido en una importante preocupación nacional. No obstante, también hay "organizaciones obesas" y, al igual que las personas, son difíciles de manejar y su sostenimiento es costoso.

Los cuerpos vivos se adaptan y hacen cambios con el fin de sobrevivir y crecer, así como las organizaciones vivas, si el liderazgo es sabio. Los cuellos de botella siempre están en la parte superior y si los directivos insisten cada año en observar la conformidad y mantener la mediocridad, un día, van a tener que buscar empleo. Cada problema que enfrentamos en la empresa es una oportunidad para entender qué pasa y qué debemos hacer para mejorar. El filósofo Alfred North Whitehead recomienda: "Orden en medio del cambio y cambio en medio del orden", es un buen consejo. Orden sin cambio puede provocar parálisis; cambio sin orden es caos, y no queremos ninguno de los dos.

En toda organización sana hay unidad, diversidad y madurez. Unidad sin diversidad produce uniformidad apagada y muerta; diversidad sin unidad provoca anarquía incontrolable. La madurez diferencia a la diversidad de la destrucción de la unidad, y a la unidad de la destrucción de diversidad. Las personas maduras son capaces de aceptar los cambios, conservar la armonía y mantener las cosas en equilibrio. Rechazar el cambio es pretender perfección; cambiar frecuentemente crea confusión. Hay una dinámica entre personas y procedimientos que debe mantenerse para que la organización tenga éxito. Los líderes deben dar la talla y tener autoridad porque ésta capta la mente y la voluntad, y lo primero mueve el corazón y ayuda a motivar a las personas a apreciar a la empresa y a tratar de hacer lo mejor posible. Igual que en la relación entre los miembros de un equipo y los entrenadores, debe haber un aura o espíritu invisible que lleve a los jugadores a estar orgullosos de la dirección de su entrenador y a hacer lo mejor.

Observación, reflexión y revisión deben ir de la mano, y requieren sinceridad, paciencia y valor. Cuando algunas personas bienintencionadas usan la palabra "conservador", realmente quieren decir "preservador" porque no quieren que nada cambie. La auditoría anual puede revelar serios problemas en la ejecución y nos puede ayudar a descubrir dónde se originan. Los líderes no solo deben cuestionar el rendimiento y la productividad de la empresa, sino también los procesos y las personas que participan. No es un trabajo fácil, pero no hacerlo, o simplemente ojear sin profundizar, hace que empeoren los problemas.

Los líderes con experiencia y madurez desarrollan un "sistema de radar" interno que les ayuda a detectar y a definir áreas de debilidad y puntos álgidos donde puede haber problemas. Recordemos que una de las responsabilidades del liderazgo es ayudarles a los miembros del equipo a descubrir y desarrollar sus propios dones y habilidades, lo cual implica que tenemos que enfrentar los hechos y tratarlos con sinceridad. "Fieles son las heridas del que aman; pero importunos los besos del que aborrece" (Pr. 27:6). A veces, mis médicos me han causado dolor, pero nunca me han lastimado.

Los cambios traen usualmente preocupación y frustración a algunos, y alegría y libertad a otros.

Al final, los cambios creativos hablan por sí mismos ante las personas maduras. Puede ser necesario retocar algunos cambios para asegurarse que todas las partes funcionan y que los participantes se sienten cómodos. La revisión no es un cambio de visión de la empresa, sino la alteración de los métodos y de los procedimientos para hacer el trabajo de forma más eficaz y a menor costo. Revisamos para hacer más felices a los empleados y a los clientes. Si se demuestra que los cambios sugeridos son incorrectos, el equipo de liderazgo debe aceptar la responsabilidad y no excusarse; si nuestras ideas tienen éxito más allá de lo esperado, reconozcamos el mérito de los demás y démosle la gloria a Dios.

Eso es liderazgo.

20

Trabajo en equipo

Algunos líderes bromean sobre las juntas
directivas y los comités, dando a entender
que solo son estorbos y que no deben tomarse
muy en serio. Sin embargo, la mayoría de las
organizaciones no podrían funcionar de forma
eficaz (o incluso legalmente) sin una junta directiva oficial. En cuanto a los comités, ningún líder
puede saberlo todo, hacerlo todo y estar en todas
partes. Necesitamos ayuda y estímulo de otros
que también contribuyen al éxito de la organización. Unos pocos comités de la junta pueden
ayudarles a los directores generales a trabajar de
manera más eficaz y económica y, posiblemente, a
acortar los debates. En ocasiones, un comité nombrado para un propósito específico puede ayudar
a acelerar los proyectos oficiales y los acontecí-
mientos especiales. Se ha dicho que un comité es

"un grupo de ineptos, nombrados a regañadientes para hacer lo innecesario", es una definición que me hace reír, aunque no la comparto.

Ningún líder puede saberlo todo,
hacerlo todo y estar en todas partes.

Comencemos con la junta directiva y preguntémonos: "Como líder "¿qué pienso cuando veo a las personas que componen la junta?" ¿Veo mulas por empujar, caballos de carreras por frenar, vacas por "ordeñar" (por el bien de la organización), o tal vez gatos por mimar y acariciar antes que saquen sus garras? Si queremos seguir con la metáfora de los animales, veo a los miembros de la junta como perros guardianes cuya vigilancia colectiva es capaz de detectar los problemas que se me escapan y, por tanto, me dan tiempo para hacer cambios. Pensando en el reino vegetal, veo una junta como a un campo en el que podemos plantar semillas y recoger cosechas a medida que crece el trabajo. En cuanto al mundo humano, una junta es un ejército que se puede llevar al campo de batalla y puede ayudar a ganar la guerra, si sabemos cómo usar sus dones.

He servido en varios comités y juntas, entre ellos consejos de administración de una universidad cristiana, un programa de radio internacional y dos misiones internacionales, una de las cuales presidí durante diez años. Independientemente de que mi participación fuera útil o no, tuve que aprender de los demás y fue muy útil para mí. Me dio ideas sobre el funcionamiento de algunas organizaciones eficaces que siguen funcionando hoy, a pesar de mi servicio en éstas.

Si somos líderes, debemos aceptar a los miembros de la junta como son, respetarlos y jugar limpio siempre. Puede que uno o dos de los miembros vean catástrofes en cada esquina y haya uno cuyo optimismo sea alentador, pero no siempre es sensato. "¡Todo va a salir bien!", responde habitualmente ante un informe o un estado financiero decepcionante. Las personas tienen diferentes trasfondos, personalidades y experiencias en juntas, y el líder tiene la responsabilidad de entender esa variedad de trasfondos. Podemos unirlos mejor si vemos las obligaciones, los obstáculos y las oportunidades que enfrentamos con claridad para elaborar los planes más sabios y factibles, y facilitar su realización.

Debemos conocer a nuestros miembros del consejo sin caer en la formación de grupitos o en el desarrollo de un "gabinete no oficial" que trata de manipular al comité ejecutivo de la junta. Esto no quiere decir que cualquier detalle debe informárseles a todos al mismo tiempo, pero sí significa que no debe haber miembros de la junta de segunda o tercera clase (si su propia indiferencia hace que se vean así, es culpa suya y necesitan nuestra ayuda). La agenda de la reunión debe enviarse a tiempo, junto con los materiales complementarios necesarios, para que cada directivo o miembro del comité pueda llegar preparado a la reunión. Esperamos que lleguen listos, por lo que debemos estar mejor preparados que ellos para anticiparnos a los obstáculos y a las preguntas.

Cuando era presidente o miembro nuevo de una junta, acostumbraba a escuchar con atención lo que decían las personas *y cómo lo decían*. Trataba de leer sus caras y ver si fruncían el ceño, sonreían o tenían la mirada en blanco. Como presidente, miraba discretamente alrededor para saber si algún miembro quería hablar, pero lo habían ignorado o "menospreciado". Un presidente es como un cochero que trata de controlar quince caballos en un camino desconocido a través de la niebla, y no todos quieren ir en la misma dirección. ¡Anímese, puede hacerlo! También me ha sido de ayuda identificar a quién(es) se dirige(n) la mayoría de los miembros cuando no le hablan directamente al que preside porque así puedo identificar quiénes son los "miembros más influyentes" que están presentes.

En la medida de lo posible, debe haber una membresía equilibrada para que haya acceso a las mentes y los corazones de personas que tienen una variedad de experiencias y vocaciones. Para usar otra metáfora, una junta directiva debe ser como un cofre del tesoro, lleno de ideas e información valiosas.

Cuanto más tiempo sirven juntos, más se sentirá interesado en aprender de qué forma ha preparado y equipado el Señor a los otros miembros para hacer su trabajo.

21

Sucesión

Los líderes deben conocerse y no mentirse acerca de sus puntos débiles o fuertes; no corren peligro si alguien en el equipo puede hacer algunas cosas mejor que ellos. Más bien, lo reconocen y saben aprovecharlo. Al mismo tiempo, deben aprender y crecer en sus habilidades constantemente. Cuando están cansados de su trabajo y la visión comienza a desvanecerse, empiezan a tomar atajos, a evitar sacrificios y a poner excusas. Si piensan más en su seguridad personal que en la competencia del equipo o en el éxito de la empresa, o si han perdido esa clase de confianza que acepta riesgos, de pronto van camino a otro trabajo o hacia la jubilación. Como dijimos al comienzo del libro, los líderes son personas, por lo tanto, no pueden mantener siempre su alto nivel de rendimiento.

Además, tienen la responsabilidad de preparar a su sucesor. En una empresa familiar, puede haber un hijo o un nieto capaz de hacerse cargo. Un amigo mío no tuvo en cuenta a su hijo, sino que puso a su hija a la cabeza de la empresa familiar y está haciendo un trabajo maravilloso. Por supuesto, la junta directiva de la empresa opina acerca de nuestras opciones, así que es mejor mantenerlos informados y no esperar hasta el último minuto para poner las cosas en marcha. *Los jubilados deben prepararse para no perder las oportunidades de oro que tendrán en los próximos años.*

Dice un antiguo y sabio dicho que hay tres elementos esenciales para la felicidad: alguien a quien amar, algo que hacer y algo que esperar. Bienaventurados los líderes jubilados que tienen familiares y amigos a quienes pueden amar y servir. Aún más bienaventurados son quienes están ocupados, no solo con pasatiempos y viajes, sino ayudando e inspirando a otros y compartiendo lo que saben. Cuando se siente y saque la cuenta de todo, verá que una vida de experiencia es algo muy costoso, así que no vale la pena desperdiciarla. Nuestra mejor inversión es la que hacemos en la vida de los hombres y mujeres jóvenes que serán los futuros líderes.

Cuando mis médicos me dijeron que debía dejar las carreteras y los vuelos, y quedarme en casa, le pedí al Señor que me diera a algunos jóvenes entregados a quienes pudiera ayudar a formar, y Él respondió a mi oración en abundancia. Ha sido una gran alegría reunirme con ellos y estudiar la Palabra juntos, hablar sobre el ministerio y el liderazgo, y lo que significa la edificación de la iglesia. Les digo a las personas que mis jóvenes amigos me han ayudado a actualizarme con el presente, mientras que yo los actualizo con el pasado. Les he dado libros para leer y les he presentado los ministerios de los gigantes del pasado, quienes tienen mucho que decirles a los líderes de la actualidad. Los he visto madurar en la fe, ir al seminario para recibir una formación continua, casarse y tener hijos, comenzar iglesias, y servirles para la gloria de Dios.

Dios me dio personas para amar, un trabajo por hacer y algo que esperar. Por supuesto, la expectativa de ver el Señor es la más grande de todas. Todos los días, le pido que me ayude a terminar bien. Espero poder decir lo que mi Salvador le dijo a su Padre: "Yo te he glorificado en la tierra; he acabado la obra que me diste que hiciese" (Jn. 17:4).

¡Lo invito a unirse a mi oración!

Notas

1. Cita tomada de un discurso que pronunció en Bing-
hamton (Nueva York) el 24 de octubre de 1910.
Adapté la cita para que sea aplicable a los hombres y
mujeres que son líderes.

Prólogo

1. Alvin Toffler, *El shock del futuro* (Barcelona: Plaza &
Janes, 1995), p. 1.

Capítulo 4

1. Ver el libro del doctor Howard Taylor y su esposa,
The Biography of James Hudson Taylor (London:
China Inland Mission Fellowship, 1965), p. 247.
Recomiendo su libro *El secreto espiritual de Hudson
Taylor* (Grand Rapids: Portavoz, 1988).

Capítulo 5

1. W. R. Inge, *Outspoken Essays*, 1922 (Whitefish, MT:
Kessinger, 2003), p. 185.

Capítulo 9

1. Gordon S. Wood, *Revolutionary Characters: What
Made the Founders Different* (New York: Penguin
Press, 2006), p. 34.

Capítulo 11

1. Ver el capítulo 14 de mi libro *God Isn't in a Hurry*
(Grand Rapids: Baker, 1994).
2. Dag Hammarskjold, *Markings* (New York: Alfred A.
Knopf, 1965), p. 105.

Capítulo 12

1. Nathan Stone, *The Names of God in the Old Testament* (Chicago: Moody, 1944), p. 43. Nathan Stone fue un cristiano hebreo apreciado y un gran maestro de la Palabra.

Capítulo 13

1. Harold Myra y Marshall Shelley, *Secretos del liderazgo de Billy Graham* (Viladecavalls: Clie, 2006).

Capítulo 14

1. Alexander Whyte, *Bible Characters from the Old and New Testaments* (Grand Rapids: Kregel, 1990), p. 278.
2. *Ibíd.*, p. 284.

Capítulo 16

1. Bruce Barton, *The Man Nobody Knows* (Chicago: Ivan R. Dee, 2000).
2. La mayoría de las traducciones dicen: "En la casa de mi Padre" o "En los asuntos de mi Padre".
3. Ver Salmo 69:8; Marcos 3:21; Lucas 8:19; Hechos 1:14.
4. Daniel J. Boorstin, *The Image: A Guide to Pseudo-Events in America* (New York: Athenium, 1987), p. 6.

Capítulo 17

1. S. Angus, *The Environment of Early Christianity* (New York: Charles Scribner's Sons, 1915), pp. 9-10.
2. Eric Hoffer, *First Things, Last Things*, (New York: Harper & Row, 1971), p. 130.
3. Eric Hoffer, *Reflections on the Human Condition* (New York: Harper &Row, 1973), p. 22.

Capítulo 18

1. Gerard J. DeGroot, *The Sixties Unplugged* (Cambridge, MA: Harvard University Press, 2008), p. 3.

BIBLIA DE ESTUDIO
VIDAS
TRANSFORMADAS

No os conforméis a este siglo, sino transformaos por medio de la renovación de vuestro entendimiento, para que comprobéis cuál sea la buena voluntad de Dios, agradable y perfecta.

–Romanos 12:2

La nueva *Biblia de estudio: Vidas transformadas* habla directamente al deseo de renovación de tu corazón. Esta excelente herramienta de estudio de las Escrituras incluye el texto de la Biblia Reina-Valera, revisión de 1960, con comentarios de la pluma del doctor Warren Wiersbe. Estos comentarios servirán de aguijón para transformar tu vida.

EDITORIAL
PORTAVOZ

NUESTRA VISIÓN

Maximizar el efecto de recursos cristianos de calidad que transforman vidas.

NUESTRA MISIÓN

Desarrollar y distribuir productos de calidad —con integridad y excelencia—, desde una perspectiva bíblica y confiable, que animen a las personas a conocer y servir a Jesucristo.

NUESTROS VALORES

Nuestros valores se encuentran fundamentados en la Biblia, fuente de toda verdad para hoy y para siempre. Nosotros ponemos en práctica estas verdades bíblicas como fundamento para las decisiones, normas y productos de nuestra compañía.

Valoramos la excelencia y la calidad
Valoramos la integridad y la confianza
Valoramos el mérito y la dignidad de los individuos
 y las relaciones
Valoramos el servicio
Valoramos la administración de los recursos

Para más información acerca de nuestra editorial y los productos que publicamos visite nuestra página en la red: www.portavoz.com